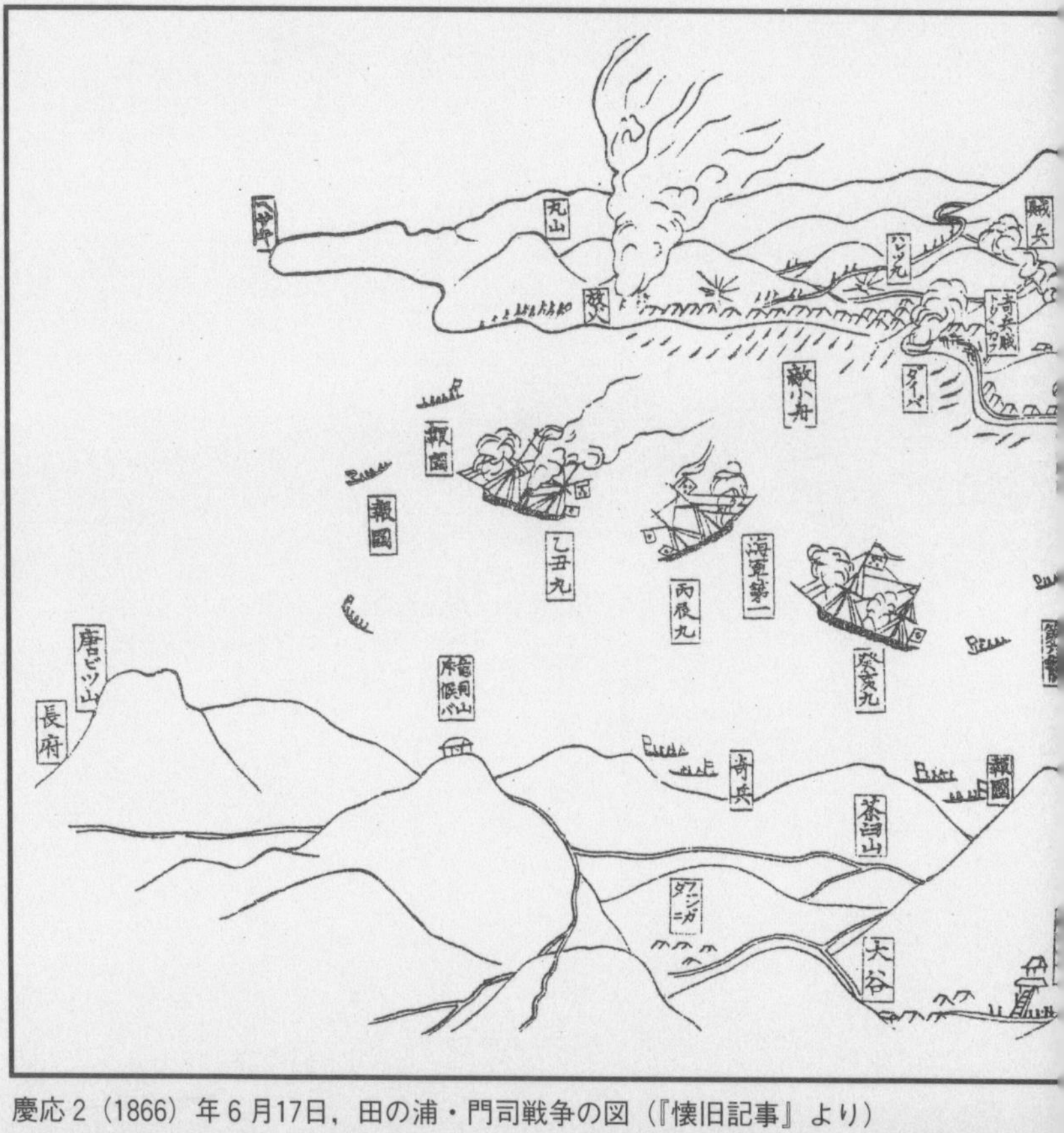

慶応２（1866）年６月17日，田の浦・門司戦争の図（『懐旧記事』より）

小倉藩家老

島村志津摩

白石　壽

海鳥社

▲金辺峠と島村志津摩の碑(田川郡香春町)
◀金辺峠に残る小倉道

元治元（1864）年８月５日，下関海峡に来航した英米仏蘭四国連合艦隊（下関市史編修委員会提供）

長州軍の進攻基地となった亀山八幡下の堂崎港
（明治５〔1872〕年撮影。〔社〕霞会館資料展示委員会提供）

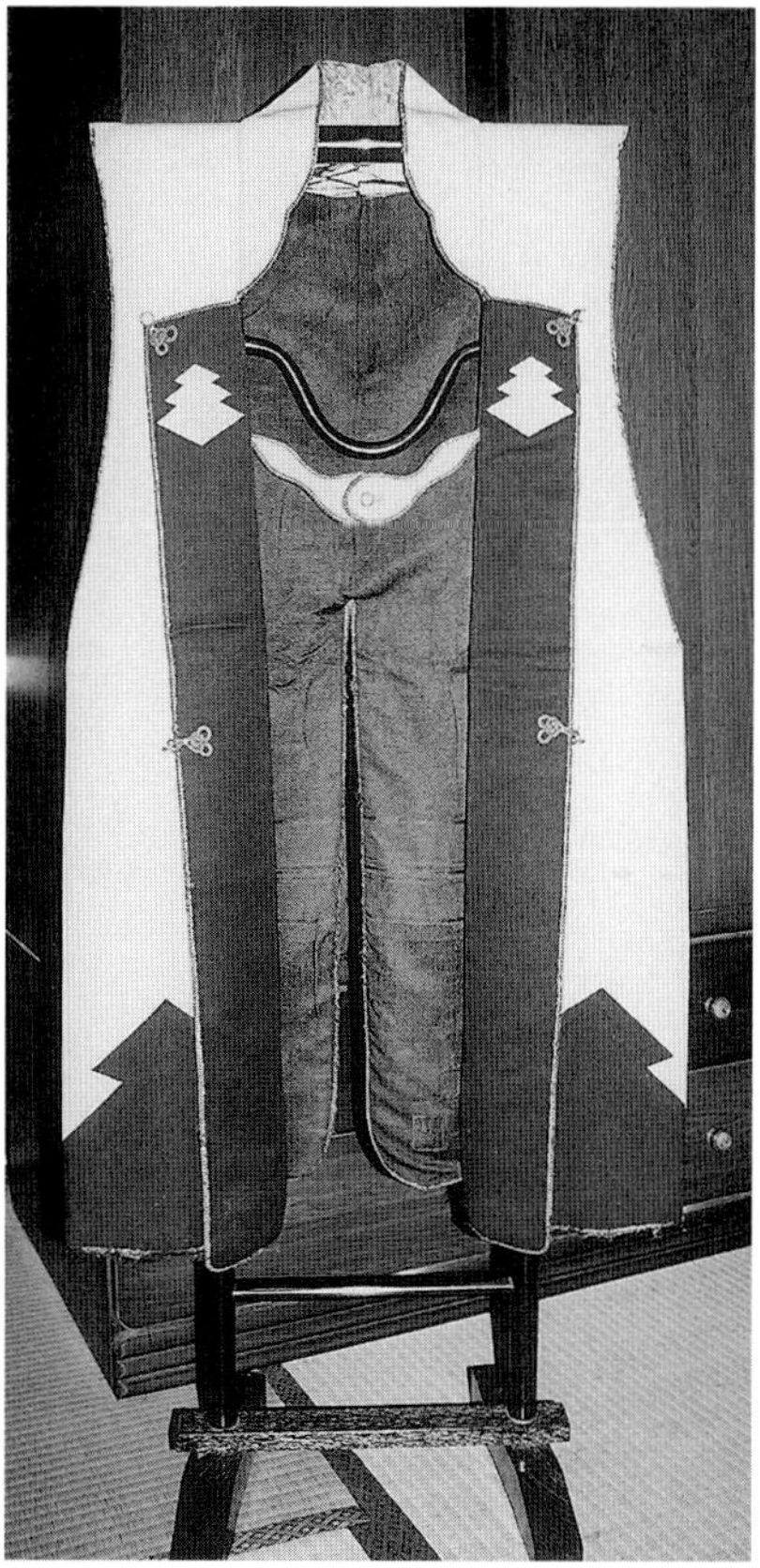

島村志津摩が小笠原公より拝領
した陣羽織（上村スミ子氏蔵）

島村志津摩使用の采配
（北九州市立歴史博物館蔵）

島村志津摩使用の払子《ほっす》
（北九州市立歴史博物館蔵）

島村志津摩使用の毛沓《けぐつ》
（上村スミ子氏蔵）

伝・島村志津摩使用の火薬入れ
と弾入れ（香春町史編纂室蔵）

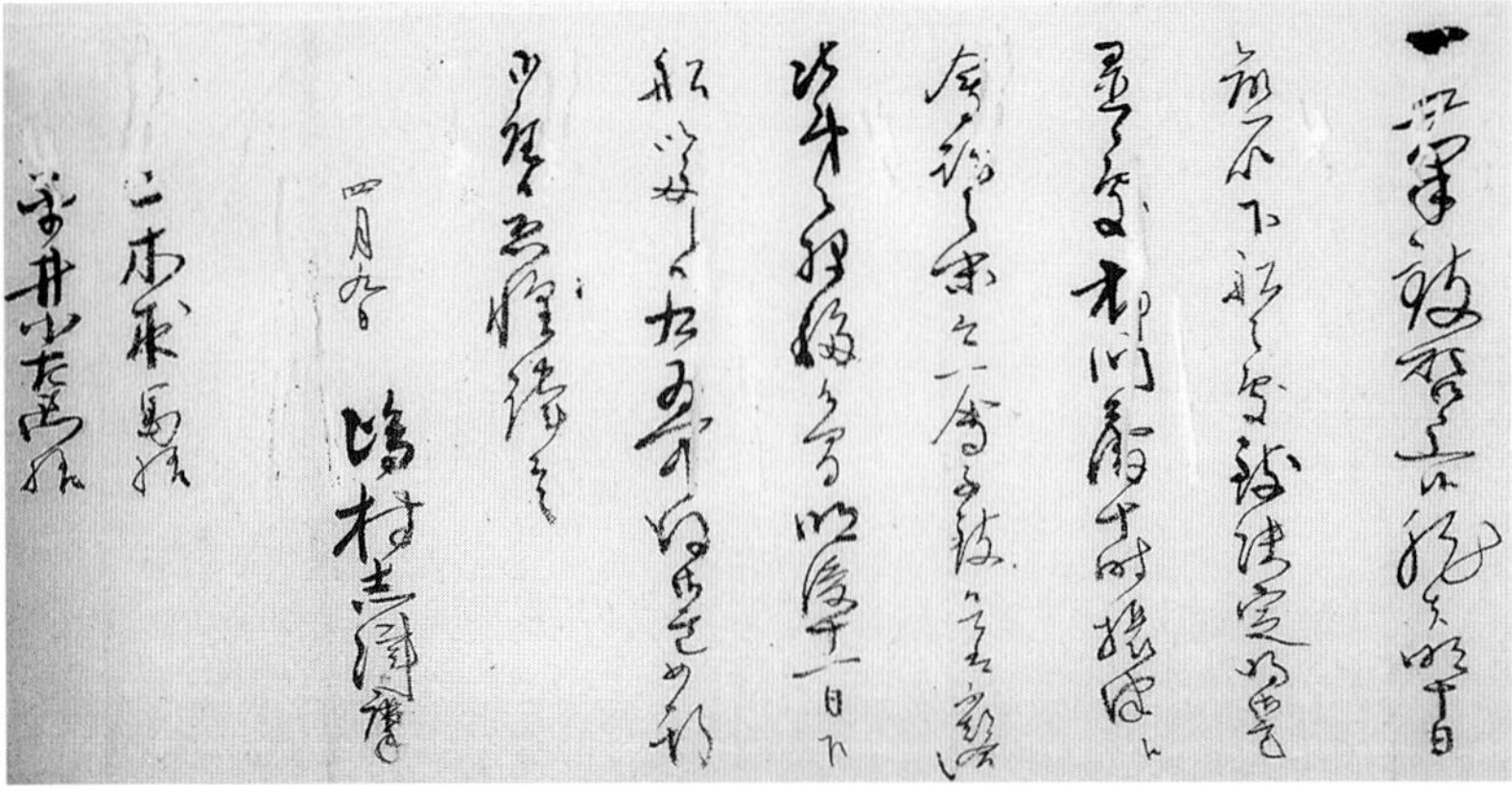

島村志津摩の書簡（平井静子氏蔵）
（明治元〔一八六八〕年四月九日）

一筆致啓上候、然は明十日
愈以下船之処致決定得御意
置候処、柳川藩十時摂津江
会談之末、今一会不致候ては不都合之
次第ニ押移候間、明後十一日下
船いたし候、右為可得御意如斯
御座候、恐惶謹言

四月九日　　嶋村志津摩

二木求馬様
平井小左衛門様

序

九国、前三の雄、豊前小倉藩、最後の勇将島村志津摩の伝記が成った。

二十一世紀初頭を飾る著述で、豊前郷土史界に一大金字塔を打ち樹てたと言うべきである。

著者白石壽氏の研究は、島村の生涯を余すところなく描き、微に入り細を穿ち、その考証は全篇にわたり、余人の追随を許さぬところである。

筆者は故あって、著者の多年にわたる研究をその初期から存じているのであるが、教育現場の激務の傍らの執筆は、まことに賞賛に値するものがある。

思うに、島村についての伝記は、金辺峠上にある吉雄敦の碑文、緒方清渓の一文などがあるが、著者のそれは先人を超えたものと言えよう。その最大の特色は、豊長止戦以後の島村の動向を追っての調査であり、その成果は本書の白眉である。この記述によって、これまではっきりとしなかった島村の晩年と周辺の事情が明らかになった。著者が最大の努力を傾けた部分であることが読みとれる。

さらに文中の諸写真は、本書によって初めて発表されるものもあり、錦上花を添えたものとなっている。
著者は本書の上梓にあたり、筆者に序文を求められた。身に余る光栄と言うべきである。以上、拙き一文を草し、これを贈る。

平成十三年四月吉日

小倉郷土会会長　今村元市

まえがき　金辺慕情

福岡県田川郡と旧企救郡（北九州市小倉南区）との境に金辺峠《きべ》がある。

これまで、何度となく行ったことのあるこの峠を、久方ぶりに訪ねた。

梅雨明けが間近い峠には、夏草が茂り、蔓が小道をおおって、訪問者をとまどわせるほどの荒れ方である。

田川東部山地の龍《りゅう》ケ鼻《はな》（六八〇メートル）と北部福智《ふくち》山地とが相対するこの狭隘《きょうあい》な旧峠道（二二〇メートル）は、旧藩時代、「小倉道」として、香春からこの峠を経て小倉城下へ通じる重要な交通路であった。しかし大正六（一九一七）年、これより二五メートル直下に、県道金辺隧道が完成、さらに昭和四十二（一九六七）年、それより二〇メートル低い地点に新金辺トンネルが整備されるに及んで、往時の街道は全く人影をなくした。

この旧峠道のかたわらに、今も巨大な自然石を使った旧小倉藩家老島村志津摩の記念碑がある。私が再々この峠を訪れるのも、これゆえである。

碑は明治十九（一八八六）年に建てられ、かつて志津摩と親交のあった小倉藩の儒者吉雄《よしお》敦《あつし》が述作、揮毫したもので、漢文調の荘重な碑文である。

前豊の険を以て聞こゆる者、金嶺は其の一に居る。慶応丙寅の役、我が小倉藩の老臣嶋村君、拠《よ》りて以て敵を防ぐ。初め幕府の長州を征するや、我が藩を以て西面の先鋒と為《な》す。田の浦、大里、鳥越等の処に戦う。既にして将軍薨《こう》ず。鎮西の諸藩、征に従うて境内に在る者、皆遽《にわか》に解き去り、監軍をして夜遁《のが》れしむ。我が兵孤《ひと》り危うく、将に潰《つい》ゆるに幾《なんなん》とす。君慨然として衆を励まし、此の地を死守す。（下略）

今、かつての古戦場に立って、遙か南に香春《かわら》の町並みをのぞみ、北に企救《きく》の山並みを仰ぐとき、潰走に近い状態で追い込まれた小倉軍を、この地でまとめ、藩の命運をかけて強力な長州進攻軍と戦った武将の姿が、彷彿と浮かぶのは、私一人ではあるまい。

目次

第三章　私戦へ

第四章　戦後処理

第五章　終焉の地

小倉藩家老

島村志津摩

＊　引用した史料原文については、漢字を常用漢字に改め、一部に、読点（要約分については句点も）及びふりがなを付し、〔　〕囲みで註記を入れた。また、変体がなは一部ひらがなに改めた。島村における「島」と「嶋」の混用はそのままとした。

第一章

改革派の家老

「唐造り」の小倉城天守閣（1959年復元）

出生と系譜

天保三（一八三二）年から同九年にかけて、断続的な天災飢饉が続き、諸国の農村は極度に疲弊し、農民の窮乏は惨憺たる状況にあった。その上、小倉藩にあっては、天保八年正月に小倉城が焼失し、その再建のための借入金などで、藩財政は危機に瀕していた。

島村志津摩はそうしたきびしい情勢下、天保四年三月二十八日、小倉城内で生まれた。父は島村十左衛門貫寵《つらたか》、母は長府藩家老迫田伊勢之助の六女クニ子で、のちの珠光院である。

先祖は、備前国邑久《おく》郡大ケ島村（岡山県邑久郡邑久町大ケ島）の住人で、南北朝時代、備前守護代としてこの地を治めていた浦上氏の重臣として活躍していた。その後、縁あって岡山の大守宇喜多《うきた》秀家の一門となった。

関ケ原の役（一六〇〇年）にて秀家が西軍の謀主となったため一門一党は四散し、島村家の三代当主九兵衛則貫も筑前国三笠郡（福岡県筑紫郡）に身を隠した。

その後、四代十左衛門貫吉の時に、遠戚関係にあたる黒田家の重臣伊丹播磨守(1)の肝入りで、小倉藩初代藩主小笠原忠真《ただざね》に召し抱えられ、かつての係累と以後の才覚が認められて、再三の加増を受け、藩重臣十四家の一つとしての格式を得た。

島村家のこうした系譜については「諸士由緒」（三。田川市立図書館蔵）に記載されている。

千二百石　定紋下リ藤

島村志津摩

元祖島村十左衛門貫吉　備前島村住浦上分流島村豊後守貴次三世九兵衛則貫嫡貴次ハ、浦上遠江守宗景ニ仕、則貫ハ宇喜多秀家ノ門葉ニ依テ備前ニ居シ、後ニ筑前三笠郡ニ来リ隠ル、武州江府《こうふ》ニ於テ忠真公被召抱采地五百石被下、御使番有馬浦御陣御供後ニ江戸御留守物引受御加増三百石、其後御加増二百石被下ノ所、後ニ又御加増二百石、都合千石ヲ領、無格、其後貫重家領千石ヲ継上ノ段詰ノ者支配、後ニ忠雄公御附、其後外様番頭貫重嫡十左衛門貫豊家領被下外様番頭、後ニ中老、其後御家老貫豊三世十左衛門貫中御家老ノ時御加増二百石、都合千二百石ヲ領

元祖とは、小笠原公に初めて仕官してからの意味で、備前からの家系は「諸士系図」（小笠原文庫〔福岡県立豊津高等学校内〕蔵）「第十七上　豊州之部」によると、次のとおりである。

嶋村豊後守貴次──左衛門尉貴時──九兵衛則貫──十左衛門貫吉[①]──治左衛門貫重[②]──

[3]十左衛門貫豊——[4]十左衛門貫名——[5]十左衛門貫中——[6]十左衛門貫充——[7]十左衛門貫一——
[8]内匠貫寵——[9]志津摩貫倫

なお、伊丹氏の斡旋で小笠原公に仕官したことについては、「小倉藩諸士由緒書」（四。小笠原忠統編）に次のように記されている。

一、島村十左衛門事、黒田右衛門佐様〔福岡藩第二代黒田忠之〕にて知行三百石取り、持筒頭相勤め居り申し候が牢人致候を、伊丹播磨守殿御肝入にて、右近様〔小倉藩初代小笠原忠真〕小倉へ召寄せられ、五百石下され召抱えられ候。八年程御座候て江戸御留守居細野忠左衛門が跡役仰付られ、江戸へ参り候。忠左衛門事は御譜代の者にて、兵部様御代のころより知行百石取り江戸詰めを仕り候処に、右近様御代になり八百石まで取上げ申し候が、御意を背き牢人《ろうにん》仕り候。

一、島村十左衛門江戸御留守居役仰付られ候節申上げ候は、細野忠左衛門儀は八百石にて御留守居相勤め候跡役を私に御付られ有難く存じ奉り候得ども、小身にては中々諸人の思い入れもかるく御座候て、殿様御外聞も如何敷存奉り候間、御留守居役御免下され候様願い奉り候得ば、御加増三百石下され八百石に成され、江戸へ遣され候。是一門は伊丹播磨守殿御肝入りの者故此の如し、其後御留守居役願にて御免なされ、小倉へ帰り候て弐百石の御加増下され千石に成り申し候。十左衛門儀殊の外利口なる者にて御座候。

これからすると、備前から隠遁後、一時期黒田家に高祿で召し抱えられていたが、故あって浪人し、再就職で小笠原家に仕官したことが分かる。

家老職就任

志津摩が父十左衛門貫寵のあとを受けて千二百石の遺領を継いだのは天保十三年、その後、格式中老・家老席詰を経て嘉永五（一八五二）年に、二十歳の若さで家老職に就任し、藩の枢機に参加した。

その人となりは、「剛果《ごうか》にして胆略あり、識量威重、常に同輩を圧す」と伝えられ、その才智は早くから藩中に知られていた。特にその師である兵法指南役青木政美《まさよし》の影響を受けて、平時にあっても水陸の軍事を講じ、士卒を率いて山野に駒を進めるなど、将たるにふさわしい器量人だったといわれている。

島村のこうした人物評については、幾つかの資料があるが、主なものをあげれば次のとおりである。

貫倫、通称志津摩、号は竹渓、又三橋、氏は島村。小倉侯に仕へ、食祿千二百石。気節雅才、重臣中に秀出し、嘉永年間弱冠を出で、間もなく老職に任ぜらる。当時の士人大抵太平三百年の余春に酔吟し、抹茶挿花に消閑して、剣を磨き箭《や》を矧《は》くことを為さず。貫倫独青木政美を師として、水陸の軍事を講じ、士卒を率いて海山に跋渉《ばっしょう》す。(『小倉市誌』下)

また、島村志津摩についての緒方清渓稿には、

氏姓は島村、諱《いみな》は貫倫《つらとも》、通称志津摩、賁軒《ひけん》と号す。豊前小倉の人。世々小笠原公に仕へ、食祿千五百石。藩老の列にあり。氏天保四年癸巳を以て小倉に生る。歳十七父を亡ふ。藩の法藩老の子、始めて仕途に就く、暫らく中老となり、後藩老に陞《のぼ》るを例となす。時の藩主忠幹公、召して父の後をつぎ、中老たらしむ。俗にこれを家督御用と云ふ。此日勝山城に登り、公の座下に伏す。御用已に終る。公夙《つと》に志津摩の才略を耳にす。試みに一、二国政の急務を問ふ。氏の答悉く肯綮《こうけい》に当る。最後に藩中自己を評するの如何《いかん》を以てす。氏逡巡答へず。公左右を退け、其問愈よ迫る。氏徐に曰く、公襲封の始め、諸政刷新、

闔藩《こうはん》治績を翹望《ぎょうぼう》す。而《しか》るに頃日《けいじつ》何物の蜚語《ひご》ぞ、微臣の耳朶《じだ》を衝く。曰く専房人あり、君主不㆓早朝㆒と。蓋公新に愛妾を蓄ふ。之れを退けんと欲し、故に白氏《はくし》詩中《しちゅう》の語を以て諷刺《ふうし》せし也。公懌《よろこ》ばず。氏辞して起つ。帰りて家宰《さい》に告ぐ。今日不遜の語、以て公の問に答ふ。厳譴《げんけん》測られず。汝に後事を托《たく》すと。従容罪を俟《ま》つ。其翌、命あり。氏の登城を促す。氏謁す。公特に温容氏に接し、擢《てきし》て藩老となし、曰く、汝が忠言、余が肺腑《はいふ》に徹す。爾後汝と共に藩政を振起せんと。氏感泣して退く。

此の譚《はなし》、明治の初、藩の遺老生駒主税君、親しく余に語りし所。（『小倉市誌』下）

と記されている。志津摩が期待されて家老職に就任したこの時期は、日本の歴史の転換期でもあった。

十九世紀、産業革命を終えた欧米各国は、原料の獲得と生産物の売り込みを求めて極東市場に殺到した。嘉永年代に入ると、異国船の日本への渡来は、幕府の打払令（文政八〔一八二五〕年）を無視したかの如くその数を増し、特に嘉永六年の黒船の来航は、その後の幕藩体制を大きくゆさぶり、国内の様相は一変した。海防充実と富国強兵策は、幕府や諸藩にとって緊急の課題となり、各藩共その財源獲得に腐心した。

薩摩藩でも天保三年、家老調所広郷《ずしょひろさと》が財政改革に着手、国産品の開発・改良及び販売の合理化に努力、特に改革の主柱にした黒糖の惣買入《そうかいいれ》制度(2)や琉球との密貿易で莫大な収入を藩財政にもたらした。

長州藩では、天保十一年、有司諸僚から改革に関する意見を聞き、その結果、江戸当役用談役村田清風《せいふう》(3)を主導とする中級家臣団によって、財政・民政の改革を行い、藩特産品の統制緩和や、藩の専売制度の拡大で、財政強化の基を確立した。

こうした天保期における薩摩・長州の早い時期での藩政改革が、後の政局に大きな影響力を与えたことは言うまでもない。

小倉藩の執政を託された島村も、周辺列藩の動きと時勢の流れを察知して、早々に藩政改革に意欲を燃やした。それは決して他藩の改革にひけをとるものではなかった。

島村の本格的な改革は嘉永七年、勝手方引受家老(4)に就任してから始まった。特に郡代河野四郎と共に「島村－河野」ラインによる藩財政の立て直し策は、直進的で妥協を許さず、保守的な土壌を持つ小倉藩としては画期的なものであった。

ちなみに、河野四郎については『小倉市誌』(下)に詳しく記載されているので、その一部を紹介したい。

河野四郎、諱《いみな》は通棣《みちとみ》。藩儒矢島焞辰《あきたつ》に就学し、又武技に長じ、軍学に通ず。弘化元年思永《しえい》館《かん》の助教となり、嘉永元年大目附、安政元年郡代に累進し、同年篠崎侯の附《つけ》家老となる。藩老小宮民部、島村志津摩を輔《たす》け、或は備荒儲蓄《びこうちょちく》、或は新田開発等、勧農牧民に力を尽し、功績多し。後国政に預り、幕府と交渉する所あり。文久三年五月幕府長州藩外国砲撃の挙詰問の使者を発するや、四郎等使者と同船す。長州の壮士来り迫るに及び、四郎自刃して死す。七月二十七日、年四十四。

一方、若い時分、河野に手付用番として仕え、後に仙台市長に選ばれた早川知寛《ともひろ》は、後年、次のように語っている。

「河野は藩の郡代及小倉の新田千束《しんでんちづか》藩の老職を兼ねたる人にて、知行は僅に三百石の小身なれども、権勢殆んど老職の上にありき。島村の一時令名ありしも、実は河野の輔佐ありし為めなり」(『小倉市誌』下)

島村と河野とはよほど気が合ったとみえて、のちに志津摩は自分の娘を河野の長男通直に嫁がせている。

河野の補佐を得て、島村の藩政改革は着実に進められていった。主たる改革の内容をあげれば、まず農村の支配体制の刷新である。嘉永七年から始まったこの改善策は、郡方費用の削減を目的としたものであった。具体的には、過去五年間の大庄屋・庄屋の管理する諸帳簿を詳細に調査・点検し、無駄を省き、不正をとがめて効率的な運用に改めた。この調査は二人の性格を反映したきびしいもので、不正をあばかれた大庄屋や庄屋が罷免された。

殖産興業には特に力を入れ、これまで藩内の農村商品作物の栽培を奨励する意味で設けていた国産方の役職を、制産方と改めた。そして単に商品生産の奨励のみでなく、生産者に対する資金の貸与、原料の供与、生産技術の改良指導、製品の検査などすべて藩機構による直営方式を採用し、国産品の他藩への販路の開拓などを通して財政の強化を図った。

これによって石炭採掘、薬剤・茶・米・櫨《はぜ》・葛《くず》・玉子・楮《こうぞ》などの藩内産物はすべて藩の会所で買い集め、農・商民の直接売りに対しても許可制とし、販売価格の二割相当額を会所に納めるよう定めた。

中でも、瀬戸内や豊前海における塩浜の石炭需要の伸びに対応すべく、田川郡の石炭採掘に力を入れ、河原弓削田《ゆげた》をはじめ、各地に坑を開かせた。採掘された石炭はすべて制産方で管理し、販売は会所の役人が直接これにあたり、その販売網は阿波・摂津から遠く伊豆韮山《にらやま》にまで及んだ。

薬剤についても島村は、これまで富山の売薬商人によって豊前六郡の行商営業が許可され、領外に相当額の金銀が流出していることを憂慮し、薬の国産化のため、小熊野《こぐまの》（小倉北区熊谷）に薬園を設け、藩医にそれを管理させ、薬剤調整は自藩で行った。

これによって富山商人の領内での売薬は差し止めになった。商人たちは種々要路に哀訴嘆願書を出し、後には志津摩の遠戚筋になる永照寺を通して、島村に願い込みをするなど随分策動したが、結局却下され、文久二（一八六二）年、制産方役所が廃止になるまで領外追放された。

この件に関して、『豊前』（小倉郷土会編）によれば、富山商人が本国宛に出した手紙（安政三年十一月十七日）の中で、当時、島村と同じ家老職にあった小宮民部との間で、かなり悶着のあったことが記されている。注目すべきことなので紹介したい。

「此程御帰国被成候御家老小宮様・原様に御示談も無御座候て、御製薬被成候事故、島村様と大にもめ合の様子に御座候」（川崎英一稿「小倉藩に於ける富山売薬」）

医学の面では、大坂の緒方洪庵《こうあん》の塾に学んだ藩医吉雄蔵六（敦）に命じて種痘を実施させるなど、新しい試みも行った。吉雄と島村との交友関係はこの中でつくられていった。

こうした島村の一連の改革は、外圧による緊迫した国内情勢もさることながら、志津摩の潔癖な性格とあわせて、早急かつ厳正なものであった。そのため、長く太平の世にならされていた庶民にとっては極めてきびしいものとなった。

中でも、改革の柱となった、武士を直接生産部門に密着させた制産方方式は、保守的な基盤に支えられている小倉藩としては極めて斬新な措置であり、幕藩体制維持にとって有効な手立てであった。しかしながら、生産物の自由な売買を規制し、すべて役人管理の制産方役所の許可と、低い価格での買い上げは、藩内豪商の強い反感をかった。

特に富山の売薬差止に関する商人の手紙でもみられるように、島村と共に、藩行政に携わっていた小笠原譜代の重臣小宮民部との再三にわたる対立は、藩上層部の混乱を招いた。このため島村の積極果敢な政策も充分な機能を発揮するに至らなかった。この二人の対立は、小笠原内の譜代と外様を代表するだけに派閥抗争的な色彩を持ち、その後の藩政に大きな影響をもたらした。

安政五（一八五八）年、小宮が袂を分って藩行政から退き、翌六年、島村も七年間の苦闘をあとに執政家老の座を降りた。

政敵・小宮民部

島村志津摩と共に幕末小倉藩を先導した、いま一人の男に小宮民部がいる。共に小倉藩の中老であり、危機に瀕した藩の運営をめぐって確執多く、二人の風評は隣国にまで知られていた。いわば政敵である。

小宮民部、諱《いみな》は親懐《ちかかね》、小倉藩士秋山光芳の二男として文政六年に出生、後に中老職小宮親泰の養子となり、世禄六百七十石を受けた。

その人となりは、沈着・智謀、特に藩の財政経済に通じて功績多く、六代藩主忠固《ただかた》、七代忠徴《ただあきら》、八代忠嘉《ただひろ》、九代忠幹《ただよし》、十代忠忱《ただのぶ》に仕えて常に要職を歴任した。はじめ四郎左衛門と名乗っていたが、元治元（一八六四）年、長年の功によって藩主忠幹より民部の名を賜わった。

秋山家は代々二百石取り、馬廻《うままわり》格の家柄で、家譜によると、民部の祖父秋山光彪《みつてる》は藩の重臣原政興の二男で、秋山家の養子となった人である。

光彪は武人としても優れていたが、若くして江戸を代表する国学者村田春海《はるみ》に師事して国学歌道を学び、小倉藩国学の祖といわれた。門下からも西田直養《なおかい》、佐久間種《たね》、林信親など多数の国学者、歌人を輩出している。

民部は、その幼少時代をこうした環境の中で養育され、藩校「思永館」では、学頭矢島伊浜《いひん》門下の逸材として名を馳せた。

彼を養子に迎えた小宮家は、小笠原氏信州以来の旧臣として十四老職の中でも最も格式の高い家柄であった。

門閥も婚姻を通じて幅広く、小笠原出雲、原主殿をはじめ矢嶋、渋田見、秋山、富永、二木《ふたつき》などは、みな親戚筋にあたる。特に出雲は民部の女婿であり、主殿は叔父筋にあたり、共に藩家老として苦難の道を歩んだ。

天明七（一七八七）年の分限帳によれば、

小笠原一門	九人
小笠原分流	一五人
信州以来旧臣	八一人
下総古河取立	六人
信州飯田、松本取立	八〇人
播州明石取立	七六人
豊前小倉取立	一一六人

と記されている。

これに対して島村家は、初代忠真が小倉に転封後、新規に召し抱えられた家筋だけに、小笠原家臣団としては外様にあたり、同じ中老職とはいえ、小宮と島村では格式的には、かなりの開きがあった。

小宮より一年早く家老職に就任、藩財政強化に積極政策をもって臨んだ志津摩に対して、遅れて藩閣入りをした民部は、財政経済の第一人者という自負と、小笠原譜代名門の誇りが、島村に対してのライバル意識となり、以後の藩論統一を妨げていった。

小宮・島村が前後して藩政の座から去っていった安政五年から六年にかけて、日本の政局は極めて重大な時を迎えていた。

ペリーの来航以来、執拗に通商条約の締結を幕府に迫っていたアメリカは、安政三年、駐日総領事として来日したハリスのねばり強い交渉の結果、朝廷の条約勅許なしに、大老井伊《いい》直弼《なおすけ》の独断によって、日米通商条約を調印させた。

難航を重ねた日米交渉は、こうして安政五年六月、「ポーハタン号」の艦上で日米修好通商条約と貿易章程とが調印され、続いてオランダ、ロシア、イギリス、フランスとも相次いで条約が結ばれた。

ここに鎖国という「祖法」は大きくくずれ、勅諚《ちょくじょう》（勅命）にそむいて条約に調印した井伊大老を中心とする幕閣と、攘夷派の水戸・尾張・越前といった御三家・親藩との対立は激化し、尊皇攘夷運動は一段と混迷の度を深めていった。

一方小倉藩では、安政三年、第七代小笠原忠徴が没し、忠嘉が第八代を襲封したが、これまた万延元（一八六〇）年に二十二歳の若さで没した。嗣子がいなかったため、分家である播州安志藩から忠幹を養子として第九代藩主に迎えた。

相次ぐ藩主の夭折は、時が重大だけに補佐する人材の登用が急務となった。

文久元年十一月、休役のまま江戸詰めになっていた島村は再び国元に呼び寄せられ、勝手方引受家老として復帰した。

この年、西日本海域をめぐる国際情勢はさらに慌しくなり、ロシア軍艦「ポサドニック」は対馬に来航、滞島五カ月、藩主に借地を要求して動かず、続いてイギリス軍艦二隻も対馬に来航、その後門司沖に滞船、関門海峡の調査や付近の測量をして引き揚げていった。

藩主忠幹は、このような緊迫した政情に対応するため、強力な藩体制樹立を考え、文久二年八月、小笠原敬七郎（後の老中小笠原長行《ながみち》）と共に、「笠家二敬」と称された俊秀の弟小笠原敬次郎を安志藩から呼び寄せ、藩主の相談役として「政事世話方」という役職を新設してこれに就任させた。しかし、小笠原敬次郎の登用は忠幹が期待したような藩体制充実にはつながらず、逆に新たな火種となって島村と対立した。

『小倉市誌』（下）から、関連する資料をあげてみたい。

敬次郎、字義卿、敬斎、又白馬山人と号す。安志侯の子にして忠幹公の弟なり。安積艮斎《ごんさい》、佐藤一斎、大橋訥庵《とつあん》等に学び又兵学に長ず。忠幹の小倉侯となるや、敬次郎亦小倉に来り其の顧問となる。志津摩の施設に反対し、志津摩を蟄居せしめんとして事成らず、却て閑居せしめらる。敬次郎射《しゃ》を好む。閑居中射を試み、誤て掌《しょう》を傷け、動脈を絶ちて、出血歇《や》まず、遂に歿す。

小笠原敬次郎と島村のことについては、「門司新報」（大正二年九月十一日）にも石井北谷翁談として具体的に書かれているので一部紹介したい。

敬次郎殿は御承知の通り尊攘を以て名高き大橋訥庵の門人で、学力も深く、気概に富み、水戸始め天下の志士に知られた方であります。殊に幕末士風の退廃を歎ぜられ、往々奇異な行為もありました様でした。一例をあげて申しますと、寒中杉の間に薪をならべ、其の上に座して終日、読書をせられ、藩中若き者の弓術等の相手に参りました節などは、生の丸大根に味噌、或は塩をつけたるをさかなとして、冷酒を貧乏徳利に入れて振舞はれたと申します。兎に角、天下有為の人物でありました。当時の藩政は公の入藩以前より、嶋村志津摩が老職の執権でありまして、財政のことに付弊害が多く、彼是《かれこれ》藩中の批難も甚だしくありましたので、終に職を辞することになりました。時日は確《しか》と覚へませんが、其の頃から敬次郎殿には、藩政の顧問といふ様な地位に立たれました。夫れから間もなく藩政の改革を企図せられました。

或夜俄に登城の上、嶋村志津摩の罪状を数へ、頂石《かくめよし》と申す処に蟄《ちつ》仰付けられるとの御沙汰があり、当時の老職は悉く免職となりました。翌朝、藩内に知れ渡りました処が、前にも申しました通り藩自体が事勿《なか》れ主義の佐幕一点張と云ふ風でありますから大反抗が起きまして、終に嶋村の罪を許し、敬次郎殿には謹慎と云ふことになりまして、折角の大改革も蹉跌《さてつ》に終りました。

其《そ》の後は邸内に出入りの人も政府の指定する人の外《ほか》、総《すべ》て禁ぜられまして、無聊《ぶりよう》の余り、弓術を試みられ、誤つて左手の動脈を射《い》り、血が止まりかねまして遂に逝去になりました。


この石井翁の談話には、敬次郎の人となりや島村との関係、当時の複雑な藩内事情などがよく浮き彫りにされている。おそらく、島村とは年齢的にも接近し、志津摩が家臣団の逸材ならば、敬次郎は一門の俊秀として、共に当時の緊迫した時勢を論じて譲らず、その結果、島村は家老に復帰して一年足らずで藩政の座から追われたものと思われる。

この二人の険悪な関係は他藩にも聞こえ、下関の豪商白石正一郎は、文久二年十一月十四日の日記に次のように書いている。

「又々山県、時山来昼前より小倉渡海、此節小倉藩二ツニも、三ツニもわかれ混雑の由承ル、嶋村と啓二〔ママ〕郎君と確執有之由」

敬次郎の墓は、現在、広寿山福聚禅寺《こうじゆさんふくじゆぜんじ》の小笠原墓地にあり、戒名は「崇信院殿恭道慈敬居士」、裏面に「文久三年九月十四日死」とある。

ちなみに、石井北谷は雅号で、通称は石井省一郎。慶応二（一八六六）年、長州再征の役に

小笠原敬次郎の墓（小倉北区・広寿山福聚禅寺）

は、他藩応接掛として京摂の間に奔走、小倉落城後は長州藩との和議を図った。明治元（一八六八）年、戊辰戦争では奥羽出兵に一藩の方向を導き、また同志と藩政の改革を進めた。維新後、新政府に出仕し、岩手県令、同知事、茨城県知事を歴任、勅選貴族院議員にもなった人物で、幕末から明治初年にかけての藩内事情に最も精通していた。

江戸へ追放

島村志津摩が小笠原敬次郎との不和から家老職を降りたのは、文久二年八月のことである。その後、休役のまま中老として藩内に留まっていたが、同年十一月、小宮民部が家老職に再登用されるに及んで、完全に藩主流から遠ざけられた。

文久三年五月、家老小宮は江戸屋敷から品川台場警備の人員要請が来たのを機に、島村を台場警衛の責任者として送り込んだ。それは決して適材適所という観点からの人事ではなく、むしろ小宮と島村との時局観の相違や、これまでの感情のもつれから来たものと考えられる。

島村は若くして藩の兵法指南役青木政美に師事していた。青木は山鹿明石流の兵学師範で、度量もあり、かつ時局を読み取る識見にもたけ、藩内での人望も厚かった。青木の思想は山鹿素行《そこう》の流れを汲むだけに尊王的なところが多く、対外的には国内が一致団結して、日本に近接する外国勢力に対抗すべきだという過激な攘夷論者だった。それだけに長州藩の攘夷実行には理解を示し、長州とは善隣友好の誼《よし》みを深くして相提携して外夷にあたるべきだ、というのが彼の持論であった。

そうした師の感化を受けた島村だけに、彼もまた攘夷決行を早くから藩内で主張していた。このことは、開国和親を基軸として外交を展開していた当時の幕府の政策とは全く相反するものであった。特に小笠原家中興の藩祖秀政は、徳川家康の長子である信康の娘福姫を娶《めと》っていたことから、常に幕府の藩屏《はんぺい》としての自覚があり、そのことが小倉藩をして幕府政治への忠実なる追従者にした。したがって藩内での攘夷論の台頭は、幕府への背信行為として、保守的な譜代家臣団の最も忌《い》み嫌うところであった。

保守派の巨頭小宮民部が島村を江戸に出した背景には、藩内での攘夷論者を一掃するという意図があったことは間違いない。同時に最大の政敵である島村を藩権力の中枢から除外しようとしたことも否《いな》めないところであろう。

その意味からすれば、島村の品川台場警衛派遣は、まさに体《てい》のよい追放であった。

島村を江戸に派遣し、「政治世話方」の小笠原敬次郎が亡くなってから、藩政は小宮民部を中心とする保守派の掌握するところとなった。

この間、中央における政局はますます混迷の度を深め、尊攘運動は一段と烈しさを増し、強烈な排外意識となって、相次ぐ外国人殺傷事件へと発展していった。

文久元年五月、高輪東禅寺のイギリス公使館が浪士に襲撃され、館員負傷。翌年八月には、東海道生麦村における薩摩藩士によるイギリス人殺害事件など、幕府はそのつど、対応に苦慮した。そうした中にあって、尊攘派が台頭していた長州藩や薩摩藩は、国事周旋という名目で公然と中央政界に進出してきた。

長州では、当初、藩主毛利敬親《たかちか》の信任する直目付《じきめつけ》長井雅楽《うた》の「航海遠略策」(5)が藩の方針として取り上げられ、朝廷と幕府一体となった開国進取の方針が確認されていたが、その後の藩内抗争で長井雅楽が失脚するや、藩は一転して攘夷実行に転じていった。

この時期、長州の尊王攘夷の急進論者久坂玄瑞《げんずい》(6)が土佐勤王党の指導者武市瑞山《たけちずいざん》に宛てた文久二年一月二十一日付の手紙には、

「諸侯恃《たの》むに足らず、公卿恃むに足らず、草莽《そうもう》志士糾合義挙の外にはとても策これなき事と私共同志中申し合せ居り候事に御座候。失敬ながら尊藩も、弊藩も滅亡しても大義なれば苦しからず」(綱淵謙錠著『坂本竜馬』旺文社)

フランス艦隊による長州藩への報復攻撃。右端は炎上する前田砲台（1863年６月５日，フランス人ルサン画）

とその決意を示し、「尊攘の大義実現には藩の滅亡も苦しからず」といい、幕府や藩も否定しようとする考えにまで進んできたことが分かる。

文久三年五月十日、攘夷実行の日、長州藩は、日本側からは積極的な行動を差し控えるよう指示していた幕命を無視して、攘夷実行の火蓋を切った。

下関海峡では、対岸の長州藩砲台からの猛烈な砲火が、通過するアメリカ、フランス、オランダの軍艦に浴びせられた。

朝廷からは「かねて布告された攘夷期限にたがわず、打ち払ったことに対し、天皇は非常に満足に思われている。いよいよもって大いに努力して、皇国の武威を海外に輝かすように」との賞讃の御沙汰書が下った。

一方幕府は、長州藩が積極的な行動をとったことを詰問し、「外国船に対し、みだりに発砲しないように」と再度警告を出した。しかし、もはや長州尊攘派は幕府の命などに耳をかさず、海峡通過の外国船を見ると必ず砲撃の挙に出た。

六月五日、フランス艦隊は、外国船に対する長州藩の砲撃に対して、報復攻撃をかけるべく下関海峡に来航し、双方で激しい砲撃戦が展開された。

長州藩は沿岸の前田砲台を破壊され、前田村は兵火で全滅した。しかし小倉藩は砲撃もせず、ただ備えについたまま戦闘を注視するのみであった。

攘夷決定の「勅定」が出され、しかも隣国長州が徹底的な報復攻撃を受けているにも拘らず、外国船を全く砲撃しない小倉藩に対し、長州藩は朝廷を通してきびしく詰問し、直ちに攘夷を実行するように迫った。

これに対して小倉藩は、かねて幕府からの達しどおり、「襲来候節は掃攘致す」が、異国船が当方に発砲せず海峡を通過するのを砲撃するのは間違いである、というこれまでの幕府の指示を遵守し、改めて幕府から沙汰があればいつでも打ち払う、という態度を明らかにした。

また「勅定違反」については、幕府は朝廷から庶政を委任されており、その委任を受けている幕府に従うのが叡慮にかなう筋道である旨の回答をし、両藩の考え方は平行線のまま進んでいった。

小倉藩としては、譜代藩としての立場もあり、常に幕府第一を心得としており、幕府の命を至上のものとするという姿勢だった。

その後、長州藩は再三にわたって小倉藩に攘夷の実行を要請したが、そのつど小倉藩は幕府の見解を尋ね、ついに一度も立ち上がることはなかった。

この時期、島村志津摩は台場警備ということで江戸にいた。この江戸の御台場は、嘉永六年のペリー来航を機会に、江川太郎左衛門(7)らの献策によって、万一に備えて品川沖に建設したもので、幕府はこの警備を諸藩に交代で受け持たせていた。

単純警備だけに比較的閑職だった島村は、攘夷の見解を幕府に質《ただ》す役割など小倉藩との連絡的な役を果たす程度で、本国における長州藩とのきびしい対立についての藩議には全く参与していなかった。

第二章

豊長戦争

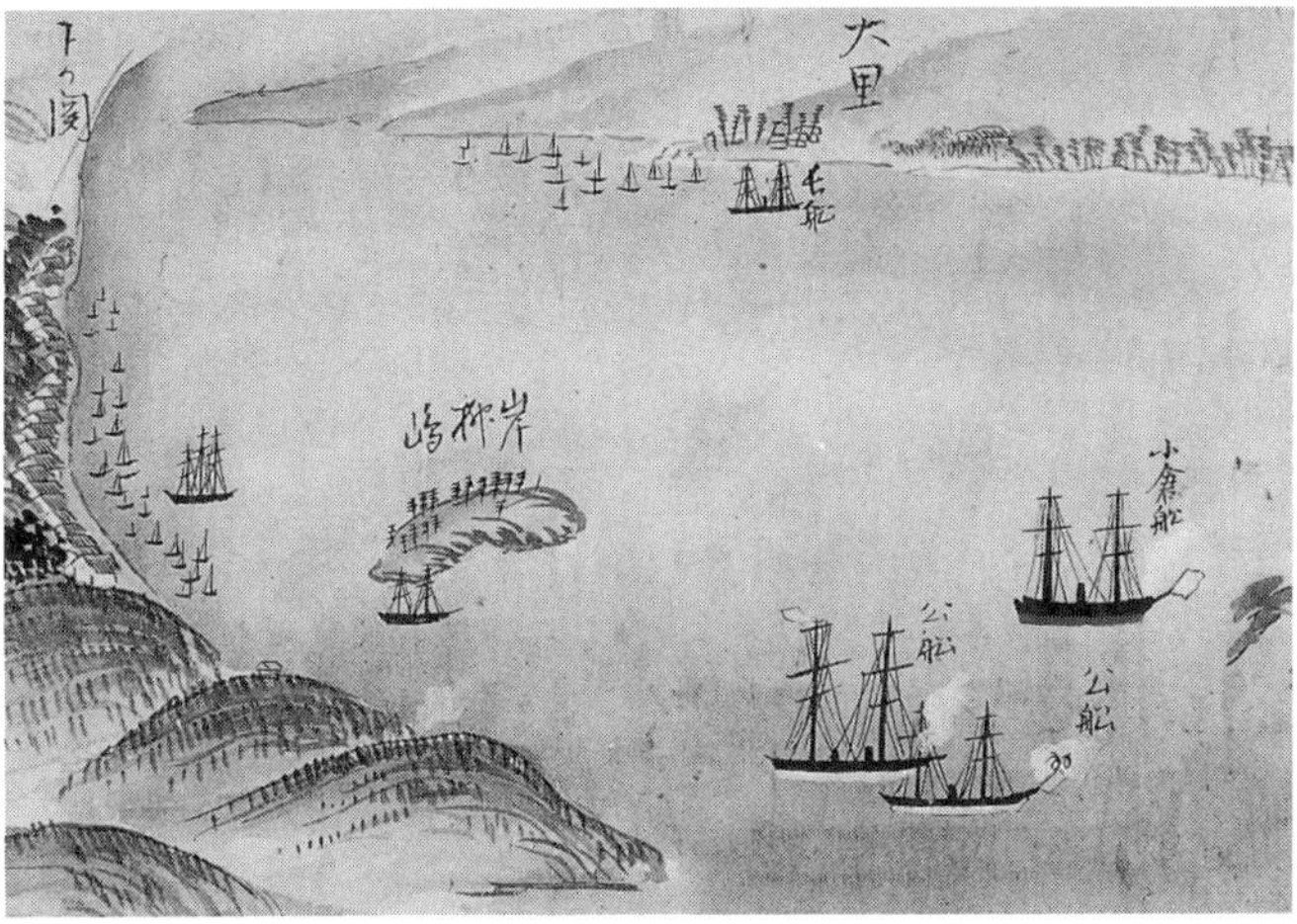

「小倉戦争絵巻」(部分。八代市立博物館提供)

奇兵隊誕生

外国船砲撃で相次ぐ報復攻撃を受け、みじめな敗北を喫した長州藩では、藩主毛利敬親《たかちか》が、上海で欧米各国の軍隊を見聞し、帰国後萩に閑居していた高杉晋作を呼び出して、下関防衛についてその策を尋ねた。高杉は持論としていた「奇兵隊」組織の構想を述べ、藩主の理解を得た。これについて『奇兵隊日記』（下。創設日記）には次のように記されている。

公、高杉晋作を召して曰、汝策ありや。晋作対曰、願くハ馬関の事を以て臣に任せよ、臣一策あり、請ふ有志の士を募り一隊を創立し、名けて奇兵隊と云ん。然れ共専ら奇兵のミを以て従事するにあらず、奇兵の中亦正あり、奇ある也、所謂正兵者ハ惣奉行の兵あり、之れに対して奇兵とせんと。公喜んで之を許す。此におゐて高杉晋作馬関ニ来る、時に六月六日なり。

さらに「防長史談会雑誌」第二巻十一号（一九一一年）で、中原邦平（鉄魚）は奇兵隊の名付けについて次のように語っている。

奇兵隊が結成された白石正一郎旧邸の浜門（明治初年。現・下関市竹崎町の中国電力。下関市史編纂室蔵）

「高杉の考に、世禄の士は役に立たぬ、百姓でも町人でも構はぬから勇気があつて強健な奴を以て隊を組まんければイカぬと云ふので、兵勇を四方に募つて一隊を組織して奇兵隊と云ふ名を付けました、此奇兵隊を組織するに付ては入江九一と云ふ人が余程高杉を助けて居ります、全体毛利家の兵制は八手に分つて家老八家がそれを掌つて居て、是れが正兵であつて、今度高杉が組織したのは其正兵の外であるから奇兵隊と名付けたのであります」

藩主から馬関防備を一任された高杉は、六月六日、下関に急行、翌七日、回船問屋の白石正一郎[8]宅にて入江九一ら同志と共に「奇兵隊」を結成し、その結成主旨を作って、隊員に周知徹底させた。

「夫れ兵に正奇あり、戦に虚実あり、其勢を知る者以て勝を制すべし。正兵は正々堂々衆を以て敵に臨み、実を以て実に当る。総奉行の統率せる八組以下部隊の如き正にこの正兵に擬すべし。今吾徒の新に編成せんと欲する所は、寡兵を以て敵衆の虚を衝き、神出鬼没して彼れを悩すに在り。常に奇道を以て勝を制するものなれば、命ずるに奇兵隊の称を以てせん」

同時に、「設立建白書」を作り、山口政事堂に持参、許可を得た。

かくて、高杉の奇兵隊構想は実現した。

それは長州藩存亡の危機にあたって旧来の門閥優先の弊を打破し、その出身を論ぜず忠勇義烈の士をもって隊を組織し、内憂外患に当たる、という新しい型の軍隊であった。

「来る者拒まず」の隊則を聞き、封建制の圧政下に苦しんできた農商人たちは、日を追って奇兵隊に参加し、隊勢は大いに振った。

長州藩の政事堂が置かれた山口藩庁の表門（山口市滝町）

この奇兵隊に刺戟されて、文久三（一八六三）年の末には膺《よう》懲《ちょう》・義勇・遊撃・集義・八幡、慶応元（一八六五）年には鴻《こう》城《じょう》の諸隊が続々と誕生した。

編成されたすべての民兵は「諸隊」と総称され、文久三年末には、その総人員は千人を超えたが、なお年を追って急増していった。

「膺懲隊とて見下げてくれるな、もとの天下も根は百姓」

「もとの天下」とは豊臣秀吉のことである。当時こんなざれ歌が「諸隊」の中で流行し、意気軒昂たるものがあった。

こうして次々に結成された諸隊は、当初、外国勢の迎撃を目

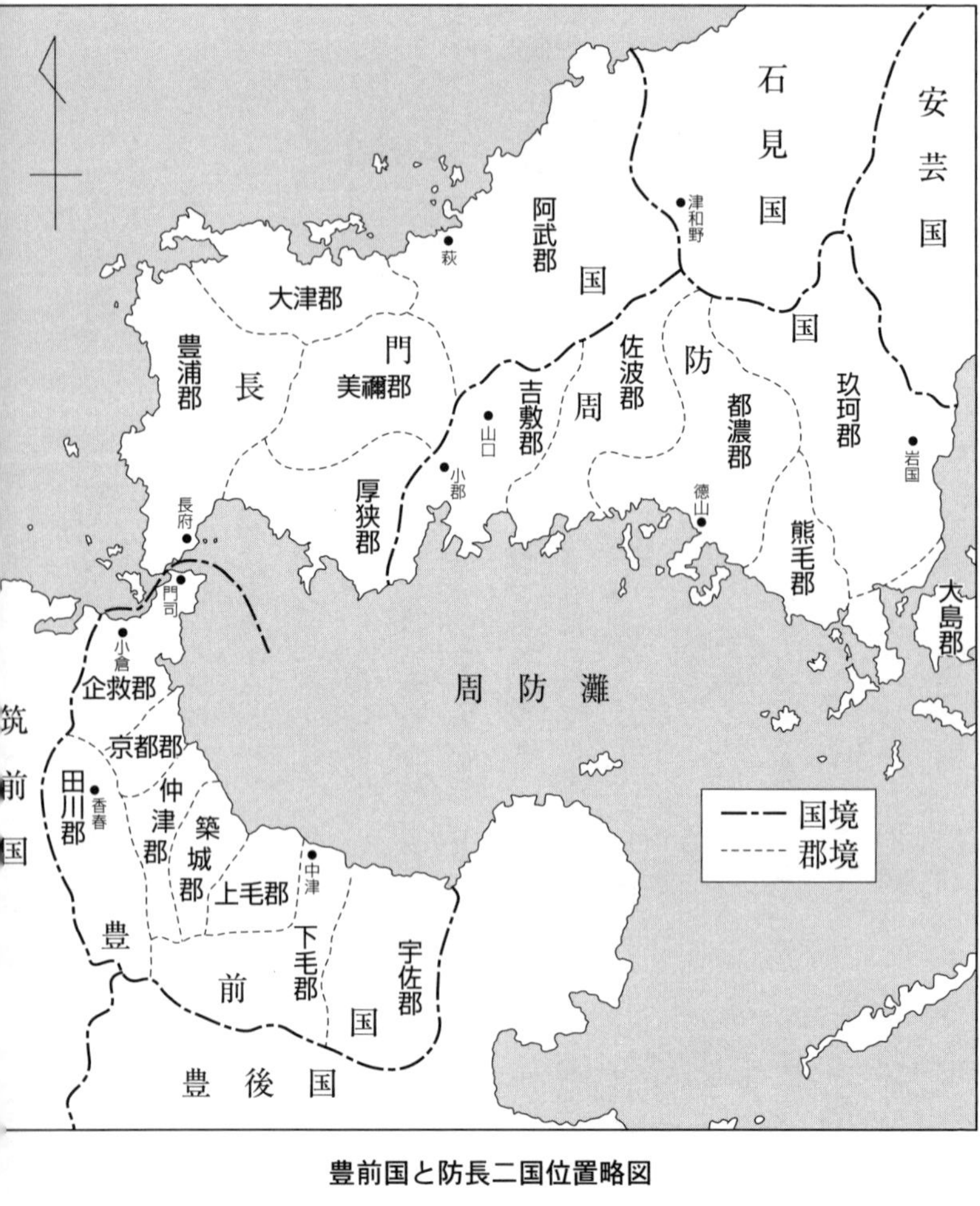

豊前国と防長二国位置略図

標としたのだが、それはやがて討幕戦線で長州藩の主力部隊となり、藩正規軍にまさる実力を発揮していった。

長州征討令と小倉藩

元治元（一八六四）年七月、長州藩士を中心とする尊攘派の志士たちは、当時、都落ちして長州に滞在していた三条実美《さねとみ》ら五卿の指導を受け、公武合体派が握る京都の政権奪取を図るべく、都に兵を進め、禁裏蛤門で薩摩・会津の連合軍と戦い敗退した。

幕府は御所禁門におけるこうした長州の行動を、朝廷に対する不敬であるとして、同年七月二十三日、長州藩追討の勅命を受け、二十五日、征長令を発した。

一方、八月五日には、イギリス・アメリカ・フランス・オランダの四国連合艦隊が、前年の長州藩の攘夷砲撃に対する報復攻撃のため下関海峡に来航し、長州藩と烈しい砲撃戦を展開、長州藩は海峡沿岸の砲台をことごとく破壊され完敗した。

続いて八月二十二日、幕府は長州藩主毛利敬親・元徳父子の官位・称号を褫奪《ちだつ》した。まさに長州は内憂外患、未曾有の危機を迎えていた。緊迫した状況の中で世情は再び騒然となり、西日本諸藩は緊張した。

元治元（1864）年，英米仏蘭の四国連合軍に占領された長州藩前田砲台（下関市史編纂室蔵）

特に小倉藩は、徳川譜代藩としての立場と隣境長州藩とのこれまでの確執もあるだけに、この重大時局に直面して、一層緊張の度を増した。執政家老小宮民部は、前年、武備拡充の一環として組織した農兵隊に動員をかけ、各郡内の番所に配置し、監視を強化した。

一方、大里、葛葉、門司、速戸《はやと》などの要所に砲台を築き、特に小倉紫川口の東西に大きな台場を設置して臨戦態勢を整えた。さらに江戸の台場整備に派遣していた島村志津摩を急遽呼び戻し、新たに次のような陣立てを行った。

一番備　士《さむらい》大将　島村志津摩

二番備　士大将　渋田見舎人《とねり》
三番備　士大将　渋田見　新《あらた》
四番備　士大将　中野　一学
五番備　士大将　小笠原織衛
六番備　士大将　二木　求馬

かくて島村は、一番備の士大将として小倉藩軍の最高責任者となり、波瀾に満ちた人生を歩むことになった。

九月に入って、幕軍ならびに九州諸藩は、続々と小倉領周辺に集結、防長の四囲は二十一藩の西日本諸藩兵で固められた。しかし、長州藩が幕府に恭順謝罪の意を表明したことで、十二月の下旬、幕府は攻撃軍を解体し、第一次征長軍は戦わずして撤兵した。

小倉の町は、征長軍が去って静かになったものの、小倉藩を取り巻く情勢は極めてきびしかった。

元治元年十二月、隣領長州藩では、高杉晋作が諸隊の軍事力を背景に、長府功山寺《こうざんじ》に決起し、武力をもって藩政権を奪取、保守恭順派を追放した。そして幕府に対し、これまでの恭順的態度を棄てて、武備を増強し、四境の防備を厳にして、挙藩一致の軍事体制を固めていった。政

高杉晋作が遊撃隊を率いて挙兵した長府・功山寺

務機構の簡素・統合をはじめ、人材登用が重視され、藩体制の中枢には、のちに倒幕運動で活躍する高杉、桂、広沢、前原、大村らの指導者がそれぞれ位置した。新しい長州藩の「富国強兵」化は、これらの人々によってなされていった。

特に、下関戦争以後、攘夷を放棄し、開国に転換した藩首脳は、欧米諸国との急速な接近を幸いに、藩軍事力の近代装備化を急いだ。

慶応元年五月の長州藩の武器購入概算によれば、装条銃千八百挺、剣銃二千挺、計四万六千四百両の支出が予定され、同年七月には、長崎に派遣されていた井上馨、伊藤博文は、密かにイギリス商人グラバーと会見し、ミネーゲベール短筒四千百挺、（七万七千四百両）、ゲベール銃三千挺（一万五千両）、計七千百挺（九万二千四百両）の契約をしている。

これにより、欧米廃銃は、慶応元年の秋頃までには藩全軍に普及したと考えられ、翌年から始まった小倉戦争では、長州軍はほとんど洋式銃で戦った。

一方、家臣団の隊は、足軽・中間《ちゅうげん》以下も、軍事力に動員可能な者はすべて編成され、諸隊

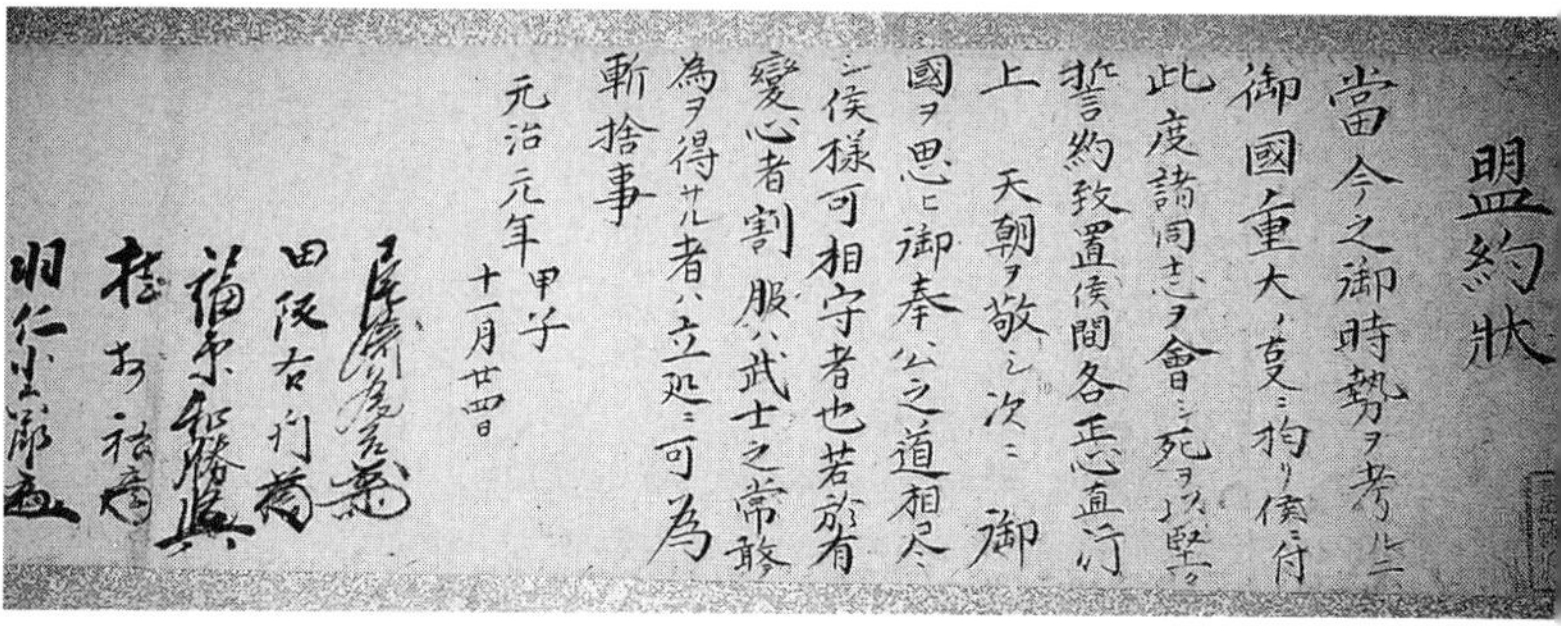
盟約状
當今之御時勢ヲ考ルニ
御國重大ノ變ニ拘リ候ニ付
此度諸同志ヲ會シ死ヲ以テ堅ク
誓約致置候間各一心直行
上　天朝ヲ敬シ次ニ　御
國ヲ思ヒ御奉公之道相尽
シ候様可相守者也若於有
變心者割腹ハ武士之常態
為ヲ得サル者ハ立処ニ可為
斬捨事
元治元年甲子　十一月廿四日

長府藩青年藩士盟約状（部分。長府図書館蔵）

も、支藩の隊も、ことごとく藩軍事力として組み込まれた。

奇兵隊の結成に遅れること一年有半、小倉戦争で大活躍をした長府藩の「報国隊」もこの時期に編成された。それは時勢に目覚めた長府藩内の青年武士の熱情で結成され、その後、士農工商を問わず、兵技に優れた青壮年を選んで編成されたものである。

結成前の盟約状は次のような内容で、その誓いは熱烈なものであった。

「国家の大事であれば、自ら進んで身命をなげうち、異心破約のあった場合は、自ら責任をとって切腹をするということだけでなく、そのことが同志を毒する行動であった場合、直ちに斬り捨てられても敢えて問わざるところなり」

彼らは申し合せて自らの髪を切り、長府住吉神社にある藩祖秀元公の神前に捧げ、「決死報国」の志を明らかにした。

ちなみに、決死・憂国の指揮官に鍛えられた報国隊は、このあとの小倉戦争から、倒幕・維新の最後の仕上げともいうべき北越戦争へと転戦、苦しい戦の連続の中で勇戦奮闘した。

こうして、慶応二年の初頭には、長州藩の全軍事力が再編・統一され、動員態勢は完全に整えられた。

さらに、この年正月二十一日には、京都において土佐の坂本龍馬の仲介で、薩摩の小松帯刀《たてわき》、西郷隆盛と、長州の木戸孝允《たかよし》との間で、薩長同盟の密約が取り交わされ、討幕への攻守同盟の基礎固めがなされた。小倉戦争の勝敗はこの段階で決まったと言えよう。

第二次長州征討令

幕府は、長州藩が第一次征長戦停止の条件(9)を徒《いたずら》に遅延して実行しないことと、討幕的な動き、さらに密貿易禁止の措置令にも拘らず外国貿易をして抗戦力を培養していることを理由に、慶応元年十一月七日、彦根藩以下三十一藩に出兵を命じた。

しかし、朝廷をはじめ諸藩でも再征に反対の空気が強く、特に薩摩藩は出兵を拒否した。こうした状況の中で幕府は、実戦に持ち込まず、大軍を盾に長州藩を幕命に従わせようと交渉を続けたが、ついに決裂、慶応二年六月五日を期して防長国境への進撃を発令した。

九州口の拠点となった小倉藩には、六月三日、征長軍小倉口総督として老中小笠原長行が城下の開善寺に入り、直ちに九州諸藩に出兵を促した。

各地からの軍勢が続々と小倉に集まり、小倉の町は再び騒然、戦時一色に変わっていった。

先鋒を承る小倉藩軍の編制は六備《むそなえ》（番手）・二小隊で、小荷駄備《こにだそなえ》を遊軍にあてた。一備《ひとそなえ》には大将一人、御旗奉行・大目付各一人、番頭《ばんがしら》・物頭・軍師・使番各二人、御筒頭《おつつがしら》一人、兵卒は侍分二組（一組百人）・卒二組（一組四十四人）、御筒組は大砲係で約十五人宛とし、一小隊は隊長・鼓手《こしゅ》その他士卒三十人とした。

しかしながら戦具は概ね昔と変わらず、軍法は山鹿流で、槍隊が主であった。軍楽は鉦《かね》、太鼓、螺《ほら》などを用い、この期に及んでも未だ甲冑を使用していた。わずかに、平井・高橋の二小隊のみが「ゲベール」という西洋銃を携帯した洋式隊であった。六備・二小隊の指揮官は次のとおりである。

一番備	士大将	島村志津摩
二番備	士大将	二木　求馬
三番備	士大将	渋田見　新
四番備	士大将	中野　一学
五番備	士大将	小笠原鬼角
六番備	士大将	小笠原織衛

小隊長（西洋銃陣）　平井小左衛門
小隊長（西洋銃陣）　高橋唯之丞《ただのじょう》

藩軍進発

慶応二年五月二十九日、緊迫した状況下で家中総登城、城中大広間にて対長州戦の軍議が開かれた。その概況は、『豊前叢書』第一巻（豊前叢書刊行会編、一九八一年）に詳記されている。端的に言えば、次の二点である。

- 征長の大号令が発せられた以上、九州諸藩がすべて出揃わなくても、幕府譜代の小倉藩としては、すみやかに出陣して、各藩に範を示すべきである。
- 藩軍主力を田の浦に進発させ、長州軍の侵略に備えると共に、諸藩出揃った段階で敵地に攻め入ること。

島村は、軍議の中で、ぜひ出陣ということであれば、諸藩の着陣を待つことなく、即日海を渡り、長府の城を攻め、これを抜くことを強く主張したが、分家である篠崎侯・小笠原近江守の意向もあって入れられず、大勢は決した。

慶応二年六月四日、島村志津摩は藩軍の先鋒として田の浦への出陣を命ぜられた。

この日の志津摩の門出の様子について、『小倉市誌』（下）の「島村志津摩」の項を引用すれば、

氏酷《はなは》だ麹蘖《きくげつ》を嗜み、一斗乱れず。出征の日、山田唯之進君之れを訪ふ。これよりさき、君諸藩老の出征するを送る。邸内皆粛殺粛森たり。独り氏の邸や、陽々春の如く、家宰に命じ、小鼓を鳴らし、自ら起ちて舞ふ。幕僚生駒、保高、三浦の諸士、古謡を唱ふ。氏君の到るを見、兵士に与へて、余す所の陣笠を倒《さかさ》まにし、酒を勧む。君之れを尽し、まさに去らんとす。氏戯れに云ふ。余今戦に赴く。生還期し難し。君画をよくす、余が肖像を写せと。即筆を把りて、氏の像を描く。

と記してある。

後年、「門司新報」は、志津摩の出立ちについて、「きらびやかなる先陣の扮立　武家の花咲く日」という見出しで次のように報じている。

嶋村志津摩は六月四日の暁天、門出の盃を傾け、巳の上刻登城したが、此日の扮立《いでたち》は火縅《ひおどし》の鎧《よろい》に猩々緋《しょうじょうひ》の押羽織《おしはおり》を着《ちゃく》し、筋金打ったる星兜《ほしかぶと》を猪首《いくび》に着なし、青毛の駒に銀覆輪《ぎんぷくりん》の

鞍を置き、下《さが》り藤《ふじ》の馬印を押立て、威風辺りを払ふ計《ばか》りにて、附属の武士も我先きにと美々《びび》しく装ひ、下士、足軽に至る迄甲冑に身を固め、キラビヤカなる眺めなり。

藩軍全体の出陣の状況については、「藤田弘策日誌」（『福岡県史資料』第八輯）が、若き一兵士の立場から、見たままを率直に書いて興味深いので、長文になるが紹介したい。

慶応二年六月四日藩兵左ノ要地ニ出陣、各備行列ヲ整ヘ、悠々山家流ノ軍鼓ヲ鳴ラシ、螺ヲ吹ク。兵士之ト和シテ緩歩、其状吐綬鶏《とじゆけい》ノ歩スルガ如ク、意気揚々、本丸ヲ出テ、室町、京町ヲ経テ、門司口ヨリ進軍ス。其行装或ハ甲冑ヲ着シ、或ハ烏帽子《えぼし》直衣《のうし》ノ者アリ。黄又ハ緋羅紗《ひらしや》ノ陣羽織ヲ服シ、陣笠ヲ被フルアリ、手ニ弓槍ヲ持アリ、又僕ヲシテ槍ヲ捧ケシムルアリ、鉄棒ヲ提クルアリ、銃ヲ荷フアリ、総テ頭額ニ白鉢巻ヲナシ、概ネ切鞋《せつかい》ヲ穿《うが》ツ。将校首領ハ各采配ヲ握リ、大将使番ハ馬ニ跨リ、類ヲ分チ、別ヲ立テ粛然、当時称シテ盛装トス。此出陣ヲ呼テ御繰出ト云フ。一番手ハ古田ノ浦ニ、三番手ハ門司ケ関ニ、六番手ハ田ノ浦新開ニ、小笠原近江守殿ハ楠原ニ、同幸松丸殿ハ太刀ノ浦ニ、高橋・平井ノ二隊ハ清滝村ニ、小荷駄奉行保高直衛ハ楠原ニ、各先鋒トシテ出陣。二番手ハ東台場、四番手ハ思永館、五番手ハ西台場ニ出張、非常ヲ守ル。

察するに、泰平の久しきに馴れた武士団の出陣として、太陽暦でいえば七月十五日、炎暑のさ中を小倉藩軍は重武装で、豪華絢爛たる絵巻物を見る如く出陣している。西洋式兵制に学ぶ長州藩諸隊の、袢纏、ズボンという簡易な服装と対比する時、戦術的にも小倉藩軍のこの面での遅れが目立ち、のちの両軍の勝敗に大きな影響を与えた。

志津摩の母は、長府藩の家老の出だけに、この時の心境は誠に複雑なものがあったと考えられる。この日、わが子志津摩の出陣にあたって、特に言葉を贈って激励したという。『豊国戦記』（佐野経彦著）を引用すると次のとおりである。

> 今、豊長の両国兵を交る事、武門の習ひとは云ひながら、兄上、如何に渡らせ給ふやらむ、御和睦は何時を期すべき事やらむと、待ち侘びつるも其の甲斐なく、長門の国は、朝敵の名を負ひ、諸国出兵の大軍が、防長の両国を取囲む上からは、哀れ兄上は長府の重臣なれば迚も遁る可き身にしあらねば逆徒と成て一命を失ひ給はむ事、風の前の灯にひとしき御有り様、されば其方この度、先鋒の命を蒙りたるこそ幸ひなれ。早く彼の城に攻入り、叔［伯］父上に自殺を勧め、其の首をうつて、実験に供へなば、一には汝が先鋒としての功名と成り、二には母がためには兄、汝がために叔父上の忠義も立ちて城主の罪を償ふ事とも成りなむとぞ申含めける。

小倉藩兵の陣立は、六月四日、暮れ前までにすべて終わった。しかし、長州追討の先鋒として田の浦・門司に宿陣した一・三・六番備の藩軍主力には、その後十数日間、本営からの攻撃指示は全く出なかった。出陣各軍は調練と示威運動で日々を過ごしていたが、大暑だけに暑気にあてられ病人も出るなど、士気に影響が出始めていた。

業を煮やした第一軍将島村志津摩は、征長軍小倉口総督小笠原長行に直接書面を送って対岸赤間関へ先制攻撃をかける決意を告げたが、総督から諸藩が出揃うまで待つようにと言われて、如何ともなしえなかった。

開戦

初戦惨敗

小倉口の戦いは、慶応二年六月十七日の未明、長州軍の田の浦急襲によって始まった。上陸部隊は、西洋流銃隊の法で調練を受けた決死の士、奇兵・報国の両隊で、その数六百、初めて目の前で見る西洋銃陣の威力に、甲冑に身を固め槍隊を主とした小倉勢は、防戦も意のごとくならず敗走した。

島村もこの戦いに死を賭けていただけに、常に先頭に立ち、自ら砲火を放つなど一軍を率いてよく健闘したが、大勢はどうしようもなかった。

高杉晋作が本藩に行ったこの日の戦況報告書によれば、

「田の浦と門司との敵兵は八千余人、戦利品は大砲など総計三十余門、小銃数十丁、武器弾薬山のごとく、繋留の敵方船舶をことごとく焼き、夕刻には赤間関港へ引き揚げた」

とある。数量などについては、自軍に有利なようにかなり誇張されているむきもあるが、まさに小倉藩にとって惨敗である。先陣諸隊は総崩れとなって大里方面に後退した。

島村の率いる第一番備の軍も例外ではなかった。

門司・田の浦戦後、ひとまず赤間関に引き揚げた長州諸隊を見て、小倉藩軍は大里を中心に防備の陣を固めた。初戦は期間こそ短かったが、真夏の炎天下、しかも藩軍にとっては馴れない野戦と敗戦の痛手で、先鋒一・三・六番備の兵の疲れが激しかったため、後方の陣に下り、代わって二・四・五番備の軍が前面に出て、大里防衛の主力となった。このため三・六番備の軍は、紫川口の東西台場の守備に回り、島村の率いる一番備の軍は、小倉城下の守備として藩校思永館に滞陣した。

この間、藩首脳陣は、積極的な長州攻撃の策を立て、彦島打入りを計画していたが、小笠原総督の反対で実現できなかった。

『豊国戦記』はこのことについて次のように記している。

大里の在番山名次郎兵衛は、黒革緘の鎧の上に、千草色の引両《ひきならび》の押羽織、采配とつて、午の下刻、小宮民部に向ひ、幕府の軍艦及小倉の軍艦を以て、彦島の福浦を撃ち、彦島本島を火にしこれに本陣を据え、小瀬戸を足溜として隙を窺ひ、新地、小瀬戸を焼立てなば、田の浦、門司の長兵、防備の為に帰らん。兎角する内に諸国の後詰も来るで有らう。と、献策したが、小宮一存にもならず、山名同道開善寺に行き、長行に計るも許されず。

この彦島占領は、必ずしも山名一人の意見だけではなく、藩軍武将たちのひとしく希望していた策でもあった。特に島村は、このたびの開戦にあたり、敵の機先を制して長府進攻を主張してきただけに、今日の逆境を挽回する最後の機会だと思い、山名の策を積極的に支持した。しかしこの進言も、出陣した諸藩の消極的な態度を洞察した小笠原総督の許しを得ることができず、小倉藩は是非なく藩内防禦に終始することになった。

大里戦敗退

体勢を立て直し鋭気を養った長州軍は、赤間関を兵站の基地として、七月二日夜半から渡海し、夜明け前から海陸呼応して激しい攻撃をかけた。長州軍の大里進攻である。

先鋒は報国三小隊、奇兵五小隊、正名二小隊、いずれも野戦に馴れ、気力充実した兵であっ

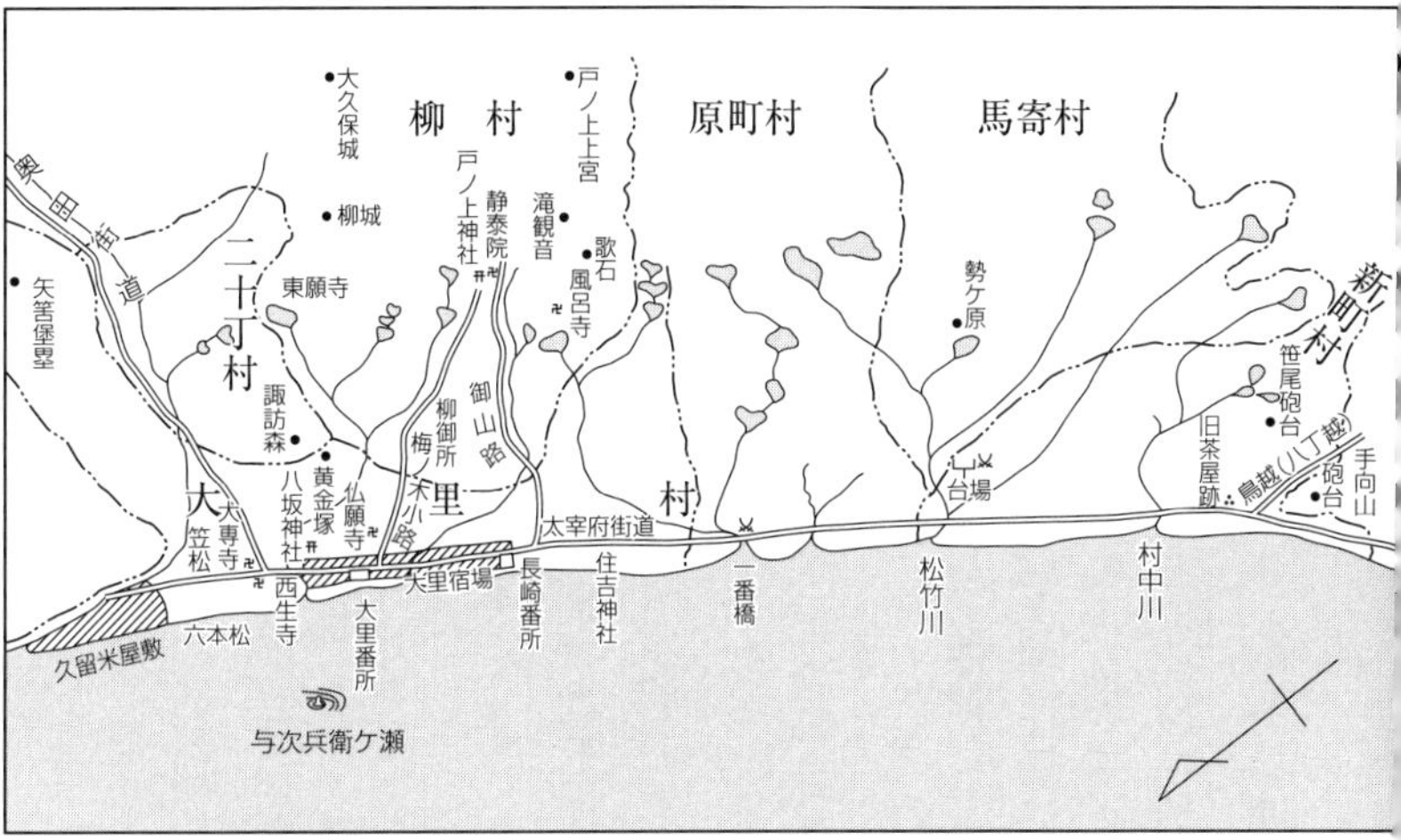

大里戦争周辺図（『大里柳小学校百周年記念誌』掲載図より作成）

た。一方、守る小倉側は、この防禦線を突破されれば、小倉城下への侵入もありうると分かっていたが、後方に待機している諸藩ならびに幕軍に対する期待感もあって、大方の兵の士気は薄く、長州諸隊の前にまたもや苦戦した。しかし藩軍の中には、勇敢に戦った士もいた。特にこの大里戦争で最大の激戦地となった笠松台場・住吉松原の戦いでは、五番手士大将鹿嶋刑部、藩槍術師範の沼田甚五兵衛など、名ある部将が勇戦し、負傷または討死している。藩主後見役小笠原近江守の隊も、敗走してくる藩軍を収拾しながら懸命に踏み留まった。近江守自身、全軍の指揮官であるにも拘らずよく奮戦したが、この戦いのみで三十七人の部下を失った。平井小左衛門の銃隊も数少ない西洋銃[10]を駆使して休むことなく協力した。

この時期、島村は痢病にかかり屋敷に引き籠っていたが、大里危うしの報を受けて、急ぎ手兵を集め長浜伝いに救援に向かった。しかし、すでに長州勢は引き揚げた後であった。

かくて、三日は未明より正午過ぎまで、大里を中心に激戦が展開されたが、この二度にわたる野戦を通して小倉側は旧式兵備の不備を知り、甲冑を焼き捨てる兵士すら出てきた。藤田弘策の残した日誌によれば、

六月廿四日夜九ツ時出発、大里久留米屋敷ニ宿陣。此日甲冑ヲ擐《かん》シ、和銃ヲ荷フ。苦行名状スル能ハス。始メテ甲冑ノ用ユヘカラサルヲ知リ、以後之ヲ廃ス。

七月三日甲冑ヲ大里駅ニ焼ク。


とあり、ここに至って初めて装備の認識を新たにしたと思われる。

防備態勢建て直しと藩情

大里敗戦後の小倉の藩情は誠に暗澹たるものであった。城外とはいえ、本城の一里手前まで攻め込まれているというのに、応援諸藩の兵を含めて幕軍は一向に動く気配はなく、ただ味方の敗戦を傍観するのみであった。そのうえ、九代藩主忠幹は先年九月に他界し、わずか四歳の幼君豊千代丸を擁しての戦いだけに、藩首脳部には悲壮感が漂っていた。大里戦を終えた翌日

の家臣一統に対する藩の布令《ふれ》は、この間の事情をよく表している。

去月《きょげつ》十七日暴動、又一昨三日、暴動に付ては、公船諸藩、応援急助《きうじょ》も無之、依之重て暴動之節は、城を枕に討死之決心に候間、一統不便には存候得共決心の心得にて防戦可致事

（吉村藤舟著『小倉戦争記』）

幸いに、長州軍の進攻が七月三日を境に一旦途絶えたため、小倉側はこの期間を利して態勢の建て直しに全力をあげた。

まず、大里戦で奮闘した二・四・五番備の軍を後方に退け、田の浦戦で敗退した一・三・六番備の軍を前衛線である大里の新町、中尾、藤松に出陣させた。八日には、老臣小笠原甲斐・小宮民部などの主だった者が総出動して、延命寺台場の最後の守りを固めた。さらに小笠原総督の指揮下にある長浜の久留米藩兵は小倉城外の守備に回され、代わって熊本藩兵が延命寺台場を含む赤坂・鳥越一帯の守備についた。その後備として幕府の「千人隊」が配置された。

病死した藩主忠幹のことについては、兵の士気に影響するのを恐れて、その喪を秘して依然病気ということにし、全軍の指揮は分家の篠崎公小笠原近江守をもってあてた。

こうして再防備の態勢は着実に進められていったが、その反面、藩自体の内部的な軋轢《あつれき》が表

面化していった。それは今回の戦いが第二次征長戦という大義名分の中で行われたにも拘らず、いざ戦闘が始まってみると、戦っているのは小倉藩のみで、他の支援軍は自重して動かず、この傍観的態度に対する藩首脳の無策にきびしい不満が集中した。そのことは、これまで感情的にも政策的にも対立してきた藩譜代の執政職小宮民部対藩軍の実質上の総指揮官島村志津摩との確執を一層深刻にしていった。

小笠原近江守を頂点とした藩の再戦態勢が確立するや、小倉口総督小笠原壱岐守は、征長戦が開始されて以来初めて小倉藩の陣中見舞いをかねて前線視察を行った。

「門司新報」(一九一三年七月三十一日付)によれば、この時、随伴した近江守をはじめ小倉藩の重臣たちは別として、小笠原総督自身は、大小御目付を供揃いに従え、幕閣としての権威を保つのに力を入れ、視察そのものは極めて形式的であったとされる。

総督の視察は征長戦を通してこの一回だけ、あとはほとんど戦場に姿を見せず、常に「不快」または「軍務多忙」ということで、本営の開善寺に籠りきりであった。

それだけに、総督に対する小倉藩並びに出陣諸藩の不信は充満していた。

赤坂・鳥越の戦い

長州軍の第三回目の攻撃は、慶応二年七月二十七日、夜明けから開始された。

これに動員された侵攻軍は、奇兵隊・報国隊を主軸とした総軍二十八箇小隊で、対岸の亀山八幡宮下の堂崎港から出発して門司側の白木崎に上陸、大里を経由して小倉藩の前衛陣である馬寄《まいそ》・藤松・新町に進出、再び激しい戦闘になった。

何しろ今回は、どんな犠牲を払っても赤坂の堅塁を抜き、小倉勢の死命を制せよ、という至上命令を受けているだけに、前回にもまして長州軍の意気込みはすさまじかった。巧みな長軍の戦術に大里の前衛陣は破られ、小倉勢は漸次後退して、赤坂・鳥越の嶮に防衛の最後の望みを託した。

赤坂の峠は、北は小渓谷を隔てて、宮本山・手向《たむけ》山と向かい合い、東には忘言亭《ぼうげんてい》山・陣ノ山が聳え、西は小倉城下を見下ろす断崖で、眼下に赤坂の町が曲折し、その前方は大瀬戸の海峡になっており、小倉藩にとっては最要害の地であった。

後退する小倉勢を追って勢いに乗った奇兵・報国両隊は、この赤坂・鳥越の嶮に殺到した。一方小倉藩は、これを突破されれば小倉城下へ一気になだれ込まれるだけに、長・倉両軍共この攻防に全神経を集中した。そしてこの地で初めて長州軍は、応援軍である強力な肥後藩兵の攻撃にさらされ、征長戦始まって以来の痛手を受けて撃退された。

小倉戦争前半の最大の攻防戦となったこの赤坂・鳥越の戦いを、双方の史料を通して見てみよう。

小倉藩士松本退蔵が書き残した「梧山筆記《ござんひつき》」には、

今暁敵、軍艦にて大里焼跡辺を手繁く発砲致し、其後より銃隊を押し、藤松の台場に懸り来る。味方も兼て期したる事なれば、持場持場を固め胸墻《きょうしょう》の陰より、大小銃をきびしく打出し、防ぎ戦ふと雖も、彼多勢のうへ、大砲を海陸より打立、無理に進み来る。四過《よつすぎ》の頃には、小宮殿、小笠原織衛殿、持場に堪難ね、戦場を去て、谷の方に引上る。敵は馬寄、藤松を焼払ひて、九ツ時分は肥後勢の惣手《そうて》に討て懸る。肥後勢は、赤坂、上鳥越、将監山、忘言亭、広寿、大谷の山上一面に陣取り、施条砲《しじょう》(11)を備へ合戦をなす。敵も強烈之奴原《やつばら》にて、多勢の肥後勢を事共せず、小銃にて迫り合ひ〳〵終に武蔵山に取り登り〔略〕肥後勢も入れ替り〳〵はげしく相戦ふ。敵は必死族と成て、上は鳥越道を忘言亭の下辺《あたり》近く進み戦ふ。其勢ひ荒猪、玉を蒙りて山岳を走り、猛虎、竹やぶを出て群獣を捕える勢〔略〕
肥後勢、山上を固めて、大小銃を以て終に山中の敵を討取り、相手を残らず山下に追落す。敵は大里に向て敗走すれば、此方は山上より、大砲を放射して追討はせざりける。

山県有朋の『懐旧記事』は、奇兵隊の勇を称え、自軍に有利な表現をしているが、前後の文脈からすれば、この日の戦闘が敗北であったことは間違いない。

奇兵一小隊は山田鵬介[12]を長とし、大島越より左に折れて山間の樹木を攀援《はんえん》し、危嵒飛流《きがんひりゅう》を跋渉《ばっしょう》し、凡て路なきの嶮岨《けんそ》を冒《おか》し、遂に延命寺の険と相対する処に出で、劇戦《げきせん》すること数時に渉《わた》り、山田は自ら劒を抜て率先し、進みて延命寺の砲塁に突入し、幾《ほと》んど之を陥いれんとするに際し、惜しむべし、銃丸に中り戦死したり。山田已に死して、之を統御するものなければ、此勇猛なる小隊も進むに由なくして遂に引揚げたり。之が為め死者頗る多く、傷を蒙らざるものは小隊中殆ど希なり。実に非常の劇戦なりき。此日や暁天より引続きて終日劇戦し、炎熱焼くが如くなれば、我兵の非常に疲労したるを以て、黄昏に至り之を引揚ることに決し〔略〕

肥後藩砲兵陣地跡に建てられた
山田鵬介隊の墓（小倉北区赤坂）

さて、豊長戦の初期最大の組織的激戦といわれた赤坂・鳥越の戦いでは、島村志津摩は一体どうしていたのか。

この時期、志津摩の様子を記した史料が幾つかある。

・七月二十五日、一番手嶋村志津摩備人数、交番のため小倉繰出し、藤松陣所へ着陣致し候に付、三番手渋田見新備、人数は小倉へ引取候。但一番手士大将不快に付、出張之れなく、之れに依て、番頭士大将、代りにて出陣致し候事。（「門司新報」大正二年八月二日）

・小倉側では小宮民部と島村志津摩との間に、ごたごたがあったらしく、島村は病気といって出ないので小宮が代って藤松を守備していた。この陣中で誤って火薬が爆発したので、落ち目にある小倉兵の士気はいっそう喪失した。（『下関市誌』）

・今暁六ツ前より戦争始り、夕七ツ過ころ敵敗走。誠に烈敷合戦なり。島村殿は病気の処、戦争の事を聞、山越、町近出張引上候勢をまとめ、赤坂近進まれ、其夜直に帰陣。（「梧山筆記」）

察するに、島村は大里戦が始まる前後から体調を崩していたものと思われる。事実、七月三日の大里戦の史料にはほとんど彼の名前があがっていない。少なくとも、これほどの激しい戦いに、藩軍の第一軍将たる島村の名前が前面に出ないはずはない。

確かに、今回の征長戦の戦術・戦略をめぐって小宮民部との確執が再燃したことは容易に分かるが、その不和が原因で彼ほどの人物が戦闘に参加しなかったとは考えにくい。むしろ田の浦戦における予想以上の敗戦、その後の戦術上の意見の違いなどで疲労が重なって病に倒れ、静養していたが、赤坂・鳥越の激戦を聞くに及んで、たって救援に駆けつけたに違いない。

赤坂・鳥越の戦いは、七月二十七日の正午から日没近くまで、実に五時間近くに及んだ。この間、双方共死力を尽くしての戦いであった。

小倉側の史料では、敵兵死するもの五百余とあるが、これは誇張しすぎで、長州側の発表によれば死傷合わせて百十四人と記されている。いずれにせよ、これまで連勝の長州進攻軍にとっては大きな痛手であった。勿論これだけの戦果をもたらしたのは、智将長岡監物に率いられた肥後藩軍の力によったことは言うまでもない。

小笠原総督は、本陣である開善寺でこの大勝の報を聞くや、夜半にも拘らず使者を肥後陣中に走らせ、感状を添えてその労をねぎらった。

しかしながら当の長岡は、かねてから小笠原総督の指揮力に強い不満を持っていただけに、このたびの勝利を手放しには喜ばなかった。その理由は、これほどの大激戦において、肥後藩を除く出兵諸藩ならびに旗本の兵たちが戦列に全く加わらず日和見的であったことに対する怒りであった。

特に、当時小倉沖に遠路回航し停泊していた日本最強の軍艦といわれた幕艦「富士山丸」、「回天丸」などは、長州の海軍が朝から出動し、海上から赤坂台場を砲撃しているのに、いっこうに行動を起こさず極めて消極的な態度であったことを目のあたりにしているだけに、総督への不信は決定的なものがあった。長岡のこうした心情は、藩政府や友人宛の彼の書簡の中にも滲み出ている。

そもそも長岡監物という人物は、肥後藩随一の謀将といわれた器量人で、後に明治政府の参与となった横井小楠などと共に「熊本実学党」を率い、その盟主になるほどの開明的な人物であった。幕府の無力化とその後の日本の政局の動きを逸早く察知し、戦線を離脱、藩軍総撤退の決断を下したのだろう。

慶応二年七月二十八日、肥後藩軍は長岡の命により、夜陰を利して赤坂・鳥越の要害からすべて引き揚げてしまった。

監軍脱出

征長軍総督戦線離脱

征長軍小倉口総督であった小笠原壱岐守長行が、幕艦「富士山丸」にて小倉を脱出したのは、慶応二年七月二十九日の夜半だった。

壱岐守様儀大坂急御用に付、一先当地出立致候、是迄段々御家来中御世話に相成候、此段一応御挨拶に及候、猶宜敷御取繕ひ被仰上度候

（小笠原壱岐守長行編纂会『小笠原壱岐守長行』）

長行は、「会ったら面倒」と、いとも簡単な口上書を、小倉藩の勘定奉行で執政小宮民部の腹心でもある田中孫兵衛にことづけ、人目を避けるように出立した。

この日は朝から、肥後藩軍総引き揚げの情報が流れ、小倉藩をはじめ幕軍陣営は騒然となっていた。特に小倉藩としては、二十七日の赤坂・鳥越戦での初勝利を契機に、小笠原総督の協力を得て、これから攻勢に転じようとしていた矢先だけに、この壱岐守の突然の脱出は、まさに青天の霹靂《へきれき》であった。

このような状況下だけに、彼の側近たちは離脱にあたって相当気を遣ったようだが、長行自身は、将軍家茂急逝の密報を受けた直後だけに、老中としてなすべき今後の政局収拾ということを大義名分に脱出に踏み切った。

英敏かつ有能な外務官僚でもある彼は、こうした機を捉えるセンスは抜群だった。しかし、小倉藩をはじめ世人は、彼のとった行動を「脱走者」という言葉で烈しく非難した。

一体なぜ、小笠原長行は、戦略的には最も重要なこの時期に戦線離脱という恥ずべき行為を

とったのか――。

豊長戦争に決定的な衝撃を与えた異変だけに、多少本論から迂回するが、小笠原長行という人間像を通して、脱出の真意を追ってみたい。

老中小笠原壱岐守

小笠原長行は、文政五（一八二二）年、唐津藩主小笠原長昌の長子として、唐津城本丸で生まれた。幼名を行若、のち敬七郎と改めた。

父の長昌が江戸桜田藩邸で没した時、行若はわずか二歳であった。本来であれば藩主になる身分であるが、幼少ということで他藩から養子を迎えたため、彼は世子として一生のうち一度も藩主になることはなかった。そのためほとんど江戸での生活が多かった。彼の幕閣時代までの年譜を要約してみると、

天保十三（一八四二）年（二十一歳）

江戸に移り深川高橋の邸に閑居す。

安政四（一八五七）年（三十七歳）

小笠原長国の養嗣子《ようしし》となり、名を長行と改める。

文久二（一八六二）年（四十二歳）
七月、山内容堂の推挙で奏者番《そうしゃばん》となる。
八月、若年寄になる。
九月、老中格となり外国御用掛を命じられる。
文久三（一八六三）年（四十三歳）
役を解かれる。
元治元（一八六四）年（四十四歳）
謹慎を解かれる。
慶応元（一八六五）年（四十五歳）
九月、再び老中格となり外国御用取扱を命じられる。
十月、老中職を命じられる。
慶応二（一八六六）年（四十六歳）
六月、第二次長州征討で小倉口の幕軍指揮を命じられる。
十月、御役御免逼塞《ひっそく》となる。
慶応三（一八六七）年（四十七歳）
十一月、老中職に復帰、外国並御入用掛を命じられる。

老中職として外国事務総裁となる。

明治元（一八六八）年（四十八歳）

　老中職を辞す。

これから察するに、庶子待遇で不遇な時代こそ長かったが、前土佐藩主山内容堂に推挙されて表舞台に登場してからは、異例の早さで昇進していることが分かる。

特に庶子時代には、近世の大学者といわれた昌平黌《しょうへいこう》教授安井息軒をはじめ、松田迂仙、藤田東湖、高島秋帆など、当時の著名な文人や学者たちと交流し、その学問的な識見は幕閣適材の人物として群を抜いていた。

黒船の来航以来、緊張した政局の中で幕閣入りした長行に対して、将軍後見職の徳川慶喜は、彼のこうした才智を高く評価し、当時の幕府にとって最も厄介な外交担当の職を彼に与えた。長行もまた期待に応えて奔走した。生麦事件償金問題では、イギリス側の強硬な態度と、鎖港・攘夷に決定した朝議の間にあって、償金支払いに躊躇する閣老を尻目に、独断で一〇万ポンド（二十五万二千両）の償金を交付した。

桜田門外の変以来、相次ぐ幕府要人の暗殺事件が発生している中で、朝議を押し切って事を決するのは至難の業とされていたが、長行は外国勢力の動きや幕府の威信などを計算に入れてあえて踏み切った。

以後、外交通の閣老として活躍したが、当時の複雑な情勢の中で何度も解職・復帰を繰り返しながら、江戸幕府最後の老中職を全うした。激動の時期とはいえ、この事実は彼が並の人物ではなかったことを示している。

長行の資質については、動乱期の老中として幕政の中枢にいただけにいろいろな見方がある。彼の才能を認め、幕閣に送り込んだ山内容堂も、最初は彼のよき理解者であったが、後に老中格として幕政を握るようになってからは、かなり冷えた関係になっていたようである。第二次征長戦の開戦前、長州処分が決定したらその方面の管理を担任してほしいという長行の依頼も辞退しているし、長行が九州口の指揮に当たった時は便に託して、

「九国の士の鼓舞《こぶ》に力《つと》め、身を軽んじて虚名を貪るなかれ」（平尾道雄著『人物叢書　山内容堂』吉川弘文館）

と、一行の文を送ったにすぎない。

「虚名を貪るな」という言葉は、時勢観の相違もあろうが、幕閣の中枢に入ってからの長行の生き方に疑問を持った容堂の直言と見てよかろう。

若き日の小笠原長行（唐津市・小笠原記念館蔵）

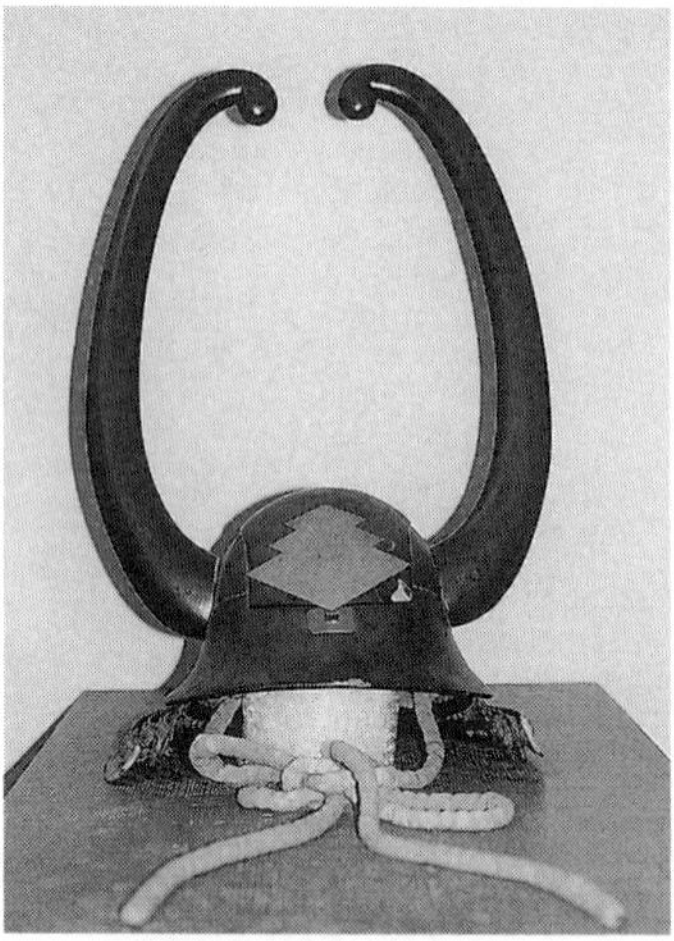

小笠原長行が長州征討の際に用いた兜（小笠原記念館蔵）

幕末の若年寄として江戸城明け渡しの処理をした良識派の大久保一翁は、征長戦には絶対に反対で、小笠原長行、板倉勝静《かつきよ》を中心とする老中たちとは完全に意見を異にしていた。大久保は、第二次征長戦はもっぱら幕府の御威光のみを立てようとする大変な愚策だと見て、これを一方的に押し進めているのは、将軍後見職の一橋慶喜であり、その追従者である板倉・小笠原の両閣僚だときびしく批判している。

長行の長子である小笠原長生《ながなり》が、後年、父のことについて語ったところによれば、

長州征伐というのは、父の考えだったらしいね。私が父に「長州には勝てる目算がありましたか」と聞いたら、「とんでもない、幕府はもう落ちるところへ落ちてしまっている。それに長州は苦しくなれば、外国の手も借れるだろう。逆さになっても勝てないさ。しかし一応征伐するぞ、征伐するぞと、声を大にしなければ外国との交渉に、あれこれ差支える事が多かったから、やっただけだ」

（「小笠原長生翁昔ばなし」〔子母澤寛著『花と奔流』〕）

と話していたという。

戦線離脱の背景

監軍小笠原長行の小倉離脱の状況については、豊長戦争関係の史料にもいろいろと紹介されているが、「海舟日記」(『勝海舟全集』18、勁草書房)の慶応二年九月十日の記事によれば、相当慌しい出立をしている様子が分かる。

唐津侯、先月末、没落の折りは、殊に狼狽甚だしく、細川家の士を呼出されしに、いまだ到らざるに先き立ち、富士艦より迎え来るに逢いて、直ちに引き去られ、直ちに長崎へ出帆。半太郎、平山健次郎を止めて共に行かしめず。

この記述は、この日、京都に着いた海舟が、小倉から帰ってきた岩田半太郎より直接聞いた話を書き取ったもので、信憑性は高い。

一方、「藤田弘策日誌」には、総督離脱について次のように記してある。従軍した一兵士の手記として興味深いので紹介したい。

七月廿七日〔略〕肥後ノ兵ト協力、防戦時ヲ移シ、七ツ時ニ及ブ。即チ長人敗走。上下鳥越ノ敵皆潰乱。我兵追撃、大里ニ至。此日戦闘活潑、敵兵死傷多シ。
七月廿八日夜五ツ時帰宅。廿九日休息。
七月晦日同日〔略〕出兵ノ諸藩陣払。蓋シ諸藩帰国ノ理由ハ、廿七日ノ勝戦ニ乗シ、馬関ヲ掩撃セハ、一挙シテ之ヲ取ルヲ得ヘシ、座シテ敵ヲ待ツハ、上策ニ非ラス、速ニ之ヲ許セト、小笠原壱岐守ニ迫ル。壱岐守遷延之ヲ容レス。同夜閣老〔壱岐守〕潜カニ開善寺ノ裏門ヨリ小艇ニ投シ、脱走シタルニ在リト云。

いずれにせよ、小倉藩側に何一つ事情も理由も説明しないまま、なぜ小笠原長行がにわかに戦線を離脱したのか、推測される幾つかの点をあげてみよう。

第一は、六月十七日の長州軍の田の浦進攻以来、先鋒小倉藩軍は連敗続きで、ようやく肥後藩軍の応援を得て鳥越・赤坂の激戦で初勝利を得たものの、討手の九州諸藩の兵はほとんど傍観して出兵の命に従わず、これに不満を持った肥後藩軍の総引き揚げで、従軍諸藩もそれぞれ帰国し、今後の事態収拾に自信が持てなくなった。

第二は、外務官僚である長行は、イギリス・フランス両国の力によって事態を収拾することを考え、開戦直前に、長州の罪状十四カ条を自書して、両国の公使と小倉常盤橋横の客館にて会談[13]し、その席で長行は、征長戦に臨んだ幕府の態度に理解と支援を求めたが、イギリス・フランス両国共それぞれ思惑があり期待外れの結果に終わった。

第三は、薩摩藩が、建白書を長防士民の陳情歎願書[14]と共に全国三十二藩宛に廻状を送付して長州に対する理解を深めるなどの啓蒙活動を行い、それが長州藩に有利に展開し、人心が幕府から遊離していくのがはっきり見えてきた。さらに、因・備両藩は幕府に建白して、会津藩京都守護職の解職と第二次征長戦の主謀者たる長行を罰して追討軍を引き揚げさせるよう強く願い出た。

第四は、長行自身、第二次征長戦は決して幕軍に有利になるとは最初から思っていなかったし、できれば早い機会に、幕府の名分の立つところで手を打ちたかったが、その機会もつかめないまま万策尽きていた。その矢先に将軍家茂が大坂城にて死去した[15]という密報が来て帰坂を促され、退くにはこの上ない好機となった。

こうした内外の情勢の中で、これ以上責任ある地位に留まって勝算のない戦いを続ける無益を悟り、口上書だけを残して急ぎ離脱したものと思われる。

小倉藩としては、ある程度の戦局の先行きは覚悟していたとはいえ、まさか征長軍小倉口総督が全く合議もないままこの時機に脱出するとは想像だにしていなかった。

それだけに小倉藩士の受けた衝撃は大きく、絶体絶命の窮地に追い込まれたばかりか、以後の戦いは第二次征長戦という大義名分をなくして、長州藩との私戦へと発展していった。

第三章

私戦へ

長州軍の本営となった小倉北区・広寿山福聚禅寺（戦前の絵葉書）

小倉城自焼

孤立化した小倉藩は、一夜明けた七月晦日《みそか》の夕刻より、士大将・諸隊長・諸役を緊急登城させ、藩主後見職である小笠原近江守を中心に惣（総）軍議を開き、事態の収拾を図った。協議は夜半まで続いた。勿論、島村もこの軍議に参加し、終わって直ちに守備していた東浜台場へ引き取った。

軍議の内容についてはいろいろ取沙汰されているが、小倉藩の正史といわれている「豊倉記事」および企救郡石原村の庄屋内山円治の書いた「小倉戦史」、松本退蔵の残した「梧山筆記」によれば、大要は次のようである。

①閣老始め、附属の兵も残らず立去り、諸藩の兵も引揚げて、一人の援兵も無くなった今日に至っては、苦戦は覚悟の上、藩をあげて、勢力の続く限り必死に防戦し、時機をみて開城、かねて見込みの要地に拠って戦うしかない。それだけにますます、防戦の用意、手配を一層厳重に指導すべし。（「豊倉記事」四）

②我々は、幕命により今日まで戦ってきたが、監軍小笠原壱岐守以下諸藩、すべて脱走・立

退きたる今日、如何なる遺恨有って、隣藩たる長藩と戦いを継続するか。速やかに此の際、和を講じて事態を収拾すべきである。　（「小倉戦史」中）

③八月朔日《ついたち》、弥《いよいよ》迫窮と相成、衆議区々にて、諸手大将方会議有之。使番の方々早馬にて御城内の評議聞 繕《つくろい》これ有り。四ツ時分〔午前十時頃〕御下知有て、各隊持場を引上げ、御城下に蒼《つぼ》み防戦すべきよし相成り、繰引の御下知これありといえども敵も進み来たらず。又、安閑と相待つべきにもあらず。諸備大かた御城下に引上る。　（「梧山筆記」）

②については、大目付志津野織右衛門が強く講和を主張したと記されているが、彼はのちに、長州藩との講和を進める藩首脳の態度を非難し、「赤心隊」を結成して徹底抗戦を主張しただけに、その真実は分かりにくい。

では、島村はどんな意見を持っていたのか、これを知る一つの手がかりとして、慶応二（一八六六）年六月二十三日、小荷駄備付武者奉行大池襲馬と島村志津摩備大目付鷲見与兵衛が藩に提出した嘆願書がある。その中身は、

「乍レ恐御預リ城之儀ニ付、一応公辺江暫時之内御返上ニ相成、国内堅固之地を撰ひ、暫く英気を養ひ器械等相整候上、必勝之御指図相待候様致度」（「豊倉記事」三）

とある。こうした経緯から推察すると、島村の意見もほぼ①に近いと思われる。

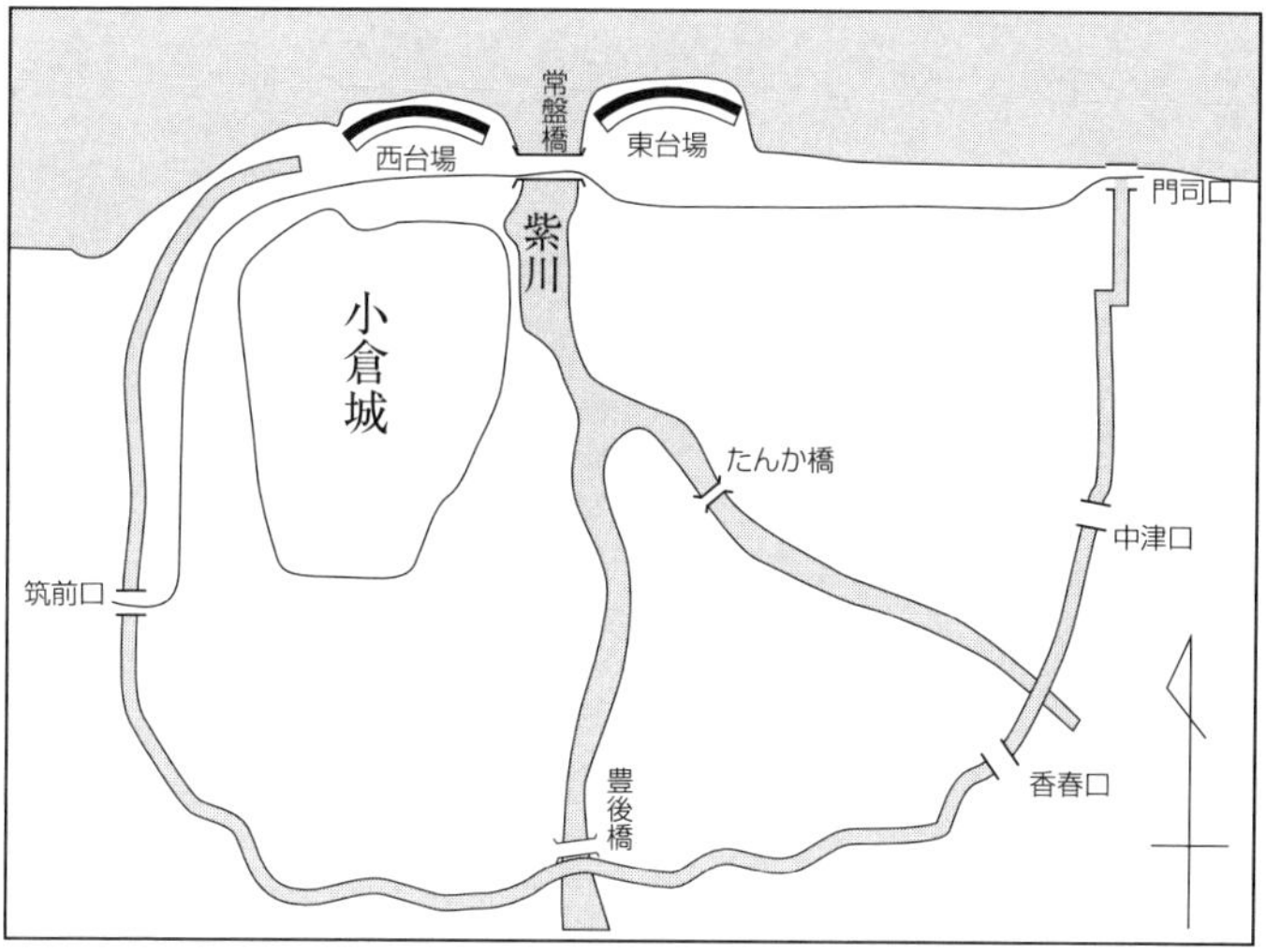

島村志津摩が守備した紫川東浜台場
（「倉府独歩ニ」〔川本義継氏蔵〕掲載図より修正して作成）

いずれにせよ、夜半までの軍議は①に決定、八月一日の早暁、使番をもって評決の結果を諸備へ持ち回った。

ところが、この藩の決定を聞いた熊本藩の竹崎律次郎は、小倉藩近習番頭格上条八兵衛を通じて、この評決に強く反論した。その要旨は次のとおりである。

今日小倉藩のおかれている現状で、城を背後に一戦の上、時宜を見計って開城し引揚げるのは敗軍の形態であって後の収拾がつかなくなるのは必至。むしろ長軍の進攻しない内に、城内を自焼し、一藩不退転の決意をもって要地にこもり決戦することこそ肝要なり。

竹崎はこの日、報告に来た上条に小倉藩維持を前提に戦術論を説き、理を尽くして後退論をすすめ、小倉城自焼を言い含めたといわれている。

この意を受けた上条は、直ちに執政家老小宮民部に注進した。

そもそも竹崎律次郎は熊本藩の郷士で、藩の大思想家横井小楠の門に入り実学の洗礼を受け、家老長岡監物と共に熊本実学党の逸材であった。このたびの第二次征長戦には、藩家老長岡から要請されて従軍し、熊本藩撤退後も、特に長岡に指示されて小倉藩の事態収拾を見守るため残留していた人物である。

小倉藩にとって熊本藩は、去る赤坂・鳥越戦での勝利を導いた最大の友軍であり、孤立した今も、唯一の戚族《せきぞく》（親族）だけに、竹崎の進言は無視できなかった。おそらく、幼君豊千代丸君の肥後滞在保障についても、この時竹崎の口から出たのではあるまいか。

——小宮の心は決まった。

彼は早速、藩主後見役小笠原近江守と協議し、先の評決を変更して、後退論を藩の方針として、即刻、諸備・諸警衛所に早馬にて触れさせた。

事は急を要するだけに、惣軍議を再び開く余裕はなかった。

かくして小倉城自焼は、執政家老小宮民部と一部の側近で急遽決定され、島村志津摩をはじめ配備についている武将にとっては、この変更は全く寝耳に水であった。このことが後に諸将の小宮に対する大きな不信となったことは確かである。
小宮が同日付で幕府に提出した小倉城自焼御届書は、この間の藩の苦悩をよく表している。

六月十七日、長賊暴動領分田野浦へ襲来接戦仕候後、七月三日大里へ襲来、是又及接戦候、同廿七日鳥越・馬寄村へ襲来候ニ付、細川越中守人数と防戦仕候、尚乍困兵出張罷在候処、同晦日如何之儀ニ候哉、細川越中守人数急ニ引上ケ即刻国許へ出立、立花飛騨守人数も同様出立仕候、猶又御老中小笠原壱岐守殿富士山御軍艦ニ被乗込、幷御目付衆始御役々不残同夜中被致出立、有馬中務大輔其外出張の人数も悉致出立、然ル上は最早外ニ壱人救助の兵も無之、御軍艦は不残出帆、私《ひそかに》長崎ニ注文仕候軍艦未相廻、終ニ無援孤城と相成、侵襲の賊徒益々猖獗《しょうけつ》、時勢切迫、再三之戦闘ニ兵卒弥及困疲、勝算無覚束《おぼつかなく》、自然戦闘失利至落城候節は必定賊徒の巣穴と相成、向後御征伐之御手障ニも可相成哉と恐察仕、又為賊徒ニ被焼立候ては此上残念奉存候、依之時勢不得止事之場合、則城中自焼仕、領内要害の地ニ拠り、人数相固め罷在候、此段不取敢申上候、以上

八月朔日未刻

小笠原左京大夫

（「豊倉記事」四）

慶応二年八月一日九つ時（正午）、小宮民部宅の自焼を合図に、城内に火が放たれた。自焼という思いがけない事態を迎え、城下は大混乱に陥った。本丸に続いて城内の各所からも火がおこり、城は忽ちのうちに猛煙に包まれた。逃げる者、逃げまどう者、男女・士民を問わず、その時ばかりは一同、城を仰いで声をあげて泣き叫んだといわれている。

これより先、嗣子豊千代丸と奥向一同は、朝五つ時（午前八時）に城を発駕、田川郡内へ向けて小倉をあとにした。

藩の布告不徹底の不手際もあって、この日の田川道は撤退する小倉藩兵や、狼狽する町人たちで、支離滅裂の状況を呈した。それは、これからの長期戦に向かっての出直しという藩当局の思惑とは異なり、悲惨な様相であった。

この惨状は佐久間種《たね》（小倉藩士、文学者）の「変動日記」の一節によく形容されている。

さるは藩士の妻子ども、己《おの》がじゝ家を出行《いでゆく》に、雨さへもやまず、道の泥の深かるに、幼を負《おひ》もし、抱もし、老人の手携へ、病人をこしにかきのせなどして、己《われ》もく其力の有限《あるかぎり》、さまぐの調度どもを、負ひたる担ひたる、西南指してたどり行状《ゆくさま》、哀ともわびしとも、言ふも愚なりけり。

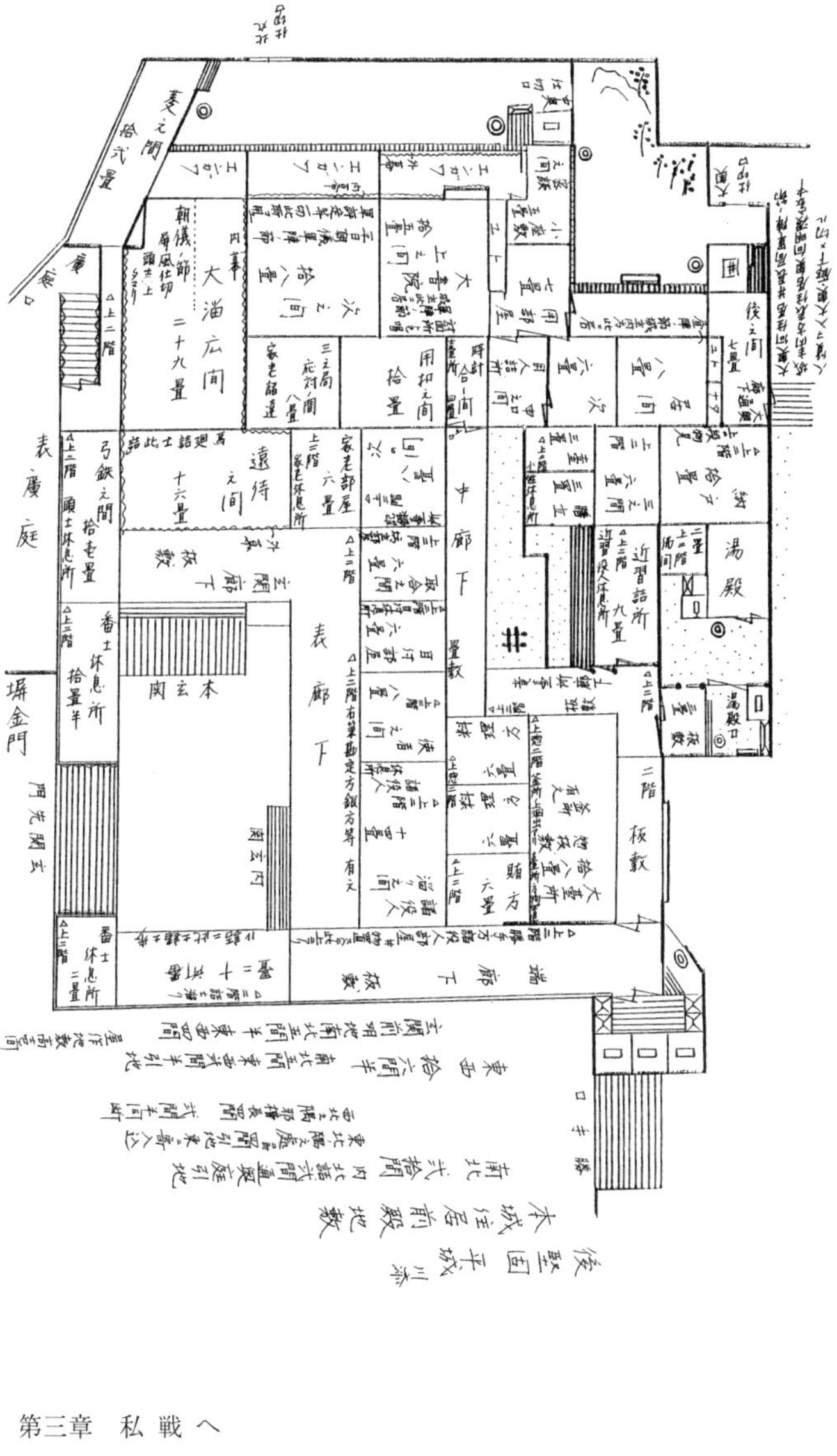

自焼した小倉城本丸御殿見取り図（原図は天保15〔1844〕年作成。竹内司氏蔵）

自焼後の城下の状況について、山県有朋の『懐旧記事』は次のように記している。

敵は自から小倉城に火して奔逃したるの報を得たり。乃ち又直に大里に赴き数隊を率ひ進で小倉に入り城下の景況を見るに、急遽に軍議を決し狼狽して兵を引き揚げたりと見えて、城中の糧米・銀札及び書庫等の如きも皆其儘に放棄して遁去り、藩士の邸宅の如きは尽く家財・器具を残留したり。

『懐旧記事』は長州側の記事だけに有利な書き方になっているが、それにしても混乱ぶりは容易に窺える。

いささか迂遠すぎたが、再び話を島村に戻そう。

この時期、島村志津摩は紫川口の東浜台場を固めていたが、城内からの黒煙を見て不審に思っていた矢先、自焼通知の早打（監察志津野織右衛門）に接し、当初の手順と異なるだけに不可解に思った。しかし、事ここに及んでは致し方なく、兵器の始末や他の藩軍の動向などを見極めた上で、自ら陣屋に火をかけ、昼八つ時（午後二時）、東浜台場を引き揚げて金辺峠に向かった。小倉藩軍の移動としては最後尾であった。

小倉藩反撃

島村の決起

島村が麾下《きか》の第一軍、三百の手兵を率いて金辺峠に到着したのは、その日の黄昏時、すでに峠には夕闇が迫っていた。志津摩は疲れを癒す間もなく本陣を峠の高橋佐七の宅に置き、長州軍を迎え討つための軍議を開いた。

彼と最後まで行動を共にしようとする主たる者に、牧野弥次右衛門（御先手物頭）、茂呂於吉《もろおきち》（御馬廻）、深谷小太郎（御馬廻）、門田栄《さかえ》（砲術師範）、青柳彦十郎、松本藤三郎などがいた。いずれも肚の据った決死の指揮官だけに、島村のこの地を死処とした反撃作戦に何の異存もなかった。「小倉藩政時状記」（『福岡県史資料』第五輯）などから推察すると、当日の軍議は次のようである。

一、第一軍は金辺峠を最後の砦として死守する。

二、前線基地は、金辺峠の前面にあって、大小の小丘陵群が散在し、攻守に最も適している高津尾を拠点として反撃戦を行う。

三、郡内各地に檄を飛ばし、農兵、郷筒（熟練の猟師）を募集し、指揮下に入れて軍備を強化する。

四、一軍麾下の各小隊名は、それぞれ隊長の姓をとり、士気の昂揚を図る。

軍議は島村の主導によって、たちどころに決まった。山中篝火《かがりび》を焚いての協議は、緊迫感に満ち、小倉藩士としての最後の挑戦だけに、昼間の疲れを吹き飛ばして将兵の意気、誠に軒昂たるものがあった。

この島村の決起は、たちまち人々の話題となった。特に企救郡内の農兵や郷筒は、墳墓の地である領内を長州軍の侵略から守るという防衛意識と共に、島村の人柄と勇猛さを慕って進んで配下に入ることを願い出る者も多かった。島村はこの企救郡農兵の義挙に深く感動し、死生を共にすることを誓った。

かくて島村の率いる第一軍は、農兵の参加を得て次のように編成された（「小倉藩政時状記」）。

【隊名】	【隊長名】	【構成】	【人数】
牧野隊	牧野弥次右衛門	足軽隊	一五〇

門田隊	門田　栄	大砲隊	六〇
茂呂隊	茂呂　於吉	平士隊（大砲）	三〇
深谷隊	深谷小太郎	農兵・郷筒隊	一五〇
青柳隊	青柳彦十郎	農兵・郷筒隊	一五〇
松本隊	松本藤三郎	屈指の勇者	三〇
松熊隊	松本熊太郎	屈指の勇者	三〇

農兵・郷筒隊三百の数は、元治元（一八六四）年の「小森承之助日記」に記録されている企救郡農兵・郷筒の人数（農兵一四〇人、郷筒一二七人、計二六七人）とほぼ一致するだけに、郡内の農兵・郷筒の大部分がこの時、島村第一軍に志願したものと思われる。

このように再編成された島村第一軍の主力は企救郡農兵であり、これら各隊に島村直属の手兵を加え、金辺峠を中心に、東は龍ケ鼻、西は茶臼山の山腹、白岳越にそれぞれ台場を構築して布陣した。

これより先、香春《かわら》のお茶屋に本営を移した藩庁は、八月二日、採銅所《さいどうしょ》にて惣軍議を開き、今後の対応について協議した。出席者は、執政家老小宮民部、重役原主殿、小笠原甲斐をはじめ惣物頭以上で、協議は小宮の主導で進められた。

「豊倉記事」(四)、『豊前叢書』(一)などによれば、小宮の主張の大要は次のとおりである。

一、豊千代丸君が幼君であること。
二、肥後細川家が現段階でもなお小倉藩に好意的であること。
三、いかに要害の地で戦闘継続とはいえ、必ずしも勝算は保証しえないこと。

即ち、小倉藩存続の最良の策は、幼君に供奉《ぐぶ》して細川家を頼り後事を策す、という消極論であった。

しかし、当日の将士の参加が少なかったため、翌三日、香春の本陣にて再度、軍議を開いた。この日、出席した島村は、金辺口(小倉道)、狸山《たぬきやま》口(中津道)の要害の地に籠って の決戦論を主張、小宮と対決した。

思うに小宮の胸中には、ここであえて最後の賭けとも言うべき防禦戦に踏み切るよりも、一旦、難を肥後に避け、危機を脱した中で、時機をみて熊本藩の仲介を求めながら長州戦を処理していきたい、という気持ちが働いたと考えられる。

一方島村は、細川藩の客分になり下がってまで、お家安泰を図ろうとする小宮の消極論に強い憤りを感じ、譜代小倉藩士としての面目と武人としての立場を貫く決意を披瀝したと思われる。

大勢は島村の主張どおり決戦論に決定。

以後、執政家老小宮に代わって第一軍将たる島村志津摩が藩政に大きな影響力を持つに至った。

決定した小倉藩軍防戦の主な布陣は次のとおりである。

金辺峠口総括　島村志津摩

壱番手備　附属役々

番頭　依田市郎右衛門

平士五十人

同　葉山仲之助

平士五十人

丸山

深谷小太郎隊
青柳彦十郎隊
門田栄隊

レーケル

大砲差図役
茂呂於吉手

合一砲

同
津田岡之丞手

野戦砲

大砲打方差図役
宮崎弥一郎手
先手鉄砲頭
市岡武右衛門組下
同
原新五兵衛組下
郷筒預り
湯川官左衛門組下

志井口

志井村　　二番手

二木求馬備
附属役々

同　　三十人隊長
高橋唯之丞隊

同　　同
渋田見主膳隊

同　　寄兵隊長
岩田小十郎隊

同　　徒士隊長
大塚八郎兵衛隊

狸山口総括

本陣備指揮
小宮民部

本陣備番頭
友松常助

同
平士五十人
富永潤之助
平士五十人
三十人隊長
小笠原八左衛門隊
同
平井小左衛門隊
六番手
小笠原織衛備
四番手
中野一学備
五番手
小笠原若狭備
寄兵
小笠原七太郎隊

朽網
雨窪出鼻
山口村
朽網

同　　同　黒部彦十郎隊
狸山関門右手の山　大砲打方　前田重助指揮の隊
松山浜手　農兵郷筒隊長　花見中之助
行事大橋　郡方指揮
与原辺同所　農兵
郡代
遊軍　杉生募手
（「豊倉記事」四）

一方、八月一日、雨をついて小倉を出発した幼君豊千代丸と奥向一行は、その夜、田川郡採銅所の庄屋格原田時之助の家に泊った。この時金辺峠は、小倉藩兵や撤退する諸藩の兵で混雑し、ために豊千代丸の駕を容れるべき余地がなく、ここに高野村庄屋の平石利助が進み出て、幼君を背負って間道（頂吉《かぐめよし》越）に一行を案内し、無事、原田時之助宅に着くことができた。

ちなみに、藩公一行のその後の歩みをたどると、翌朝、採銅所を出発、上今任を経由して添

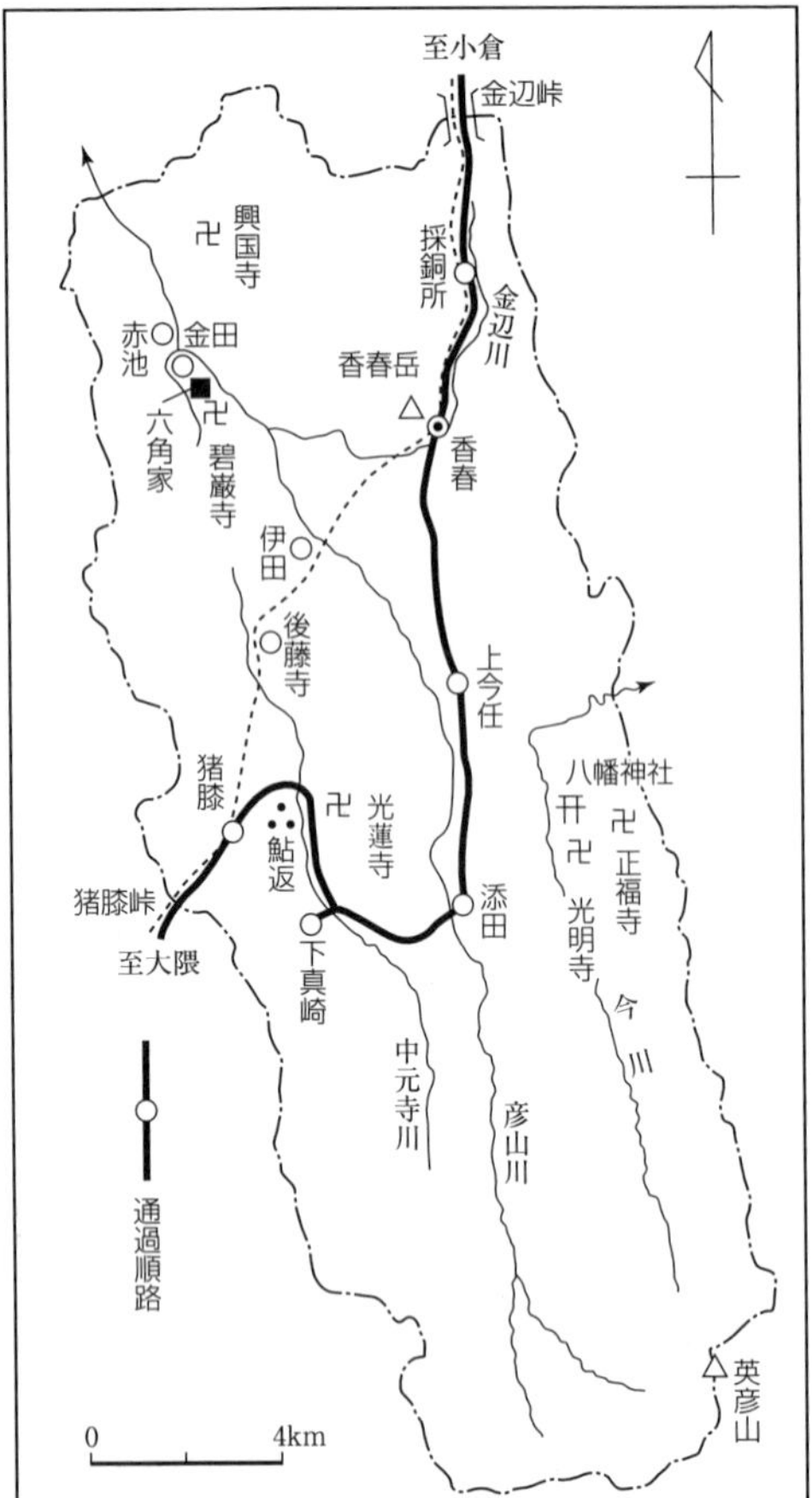

豊千代丸一行の田川通過順路
（小倉郷土会編「記録」13号掲載図より作成）

田にて一泊。三日、添田を出発、下真崎村庄屋柳武甚三郎方に宿泊。四日、猪膝《いのひざ》手永大庄屋の猪膝小左衛門方に宿泊。五日、猪膝を出て筑前領に入り、秋月経由で肥後入りをし、同十二日に阿蘇山麓の内ノ牧に到着した。

遊撃戦

小倉藩が軍議を重ね決戦態勢を進めている間、八月二日に小倉城下に進出した長州軍は、本営を足立村広寿山福聚禅寺に置き、兵を小倉、新町、黒原《くろばる》、湯川の四カ所に配置した。四境戦争で兵力に限界のある長州としては、小倉城を占拠した以上、攻勢を改め、足立・霧ケ丘山系と小倉の守備だけに留める防禦作戦に移行していった。

こうした長州軍の戦術転換は、島村の地の利を活用した密偵活動によって逐一報告され、志津摩はかなり正確に把握していた。

長州軍の現有兵力が、足立山麓の防禦陣地の確保と小倉城下の治安維持に充当され、攻勢に出ることが不可能な事実を知った島村は、八月七日の深更、麾下の一支隊を北上させ、蒲生村及び北方新町の敵部隊に夜襲を決行、肥後勢が残置した武器弾薬、糧米を奪還した。

この夜戦は、小倉城焼失後における両軍の最初の戦闘であり、以後これを契機として、企救の山野に、島村第一軍を核にした遊撃戦が展開されていった。それはこれまで「ざれ歌」でのしられ、存在感すら問われていた小倉藩軍の武士としての最後の意地を貫いた戦いであり、同時に戦略家島村志津摩の面目を如何なく発揮した、すさまじい反撃であった。

八月九日以降の両軍の主たる交戦内容を史料からひろってみると、大要次のとおりである。

慶応二年八月九日

• 島村隊の二小隊及び農兵・郷筒隊、夜半、城野《じょうの》新町の長軍陣所を襲う。不意をつかれ敵兵

動顛し、残らず散乱す。　（「豊倉記事」四）

八月十日

・小倉藩兵、小宮隊狸山に拠って長州軍に対峙する。この日、砲二門をもつ奇兵隊二箇小隊、報国隊二箇小隊、厚狭毛利家兵強義隊一箇小隊等出でて曾根村に戦う。敵は破れて退き苅田に拠る。そのまま長州軍は曾根に陣を布いて留まる。小倉藩兵、島村隊の一部は長州軍の後方に出て城野新町を衝き、暫時にして退く。　（徳見光三著『長府藩報国隊史』）

八月十一日

・暁天、兵を三道〔本道、右翼の山路、海浜の一路〕に分ち、直に大貫坂〔狸山峠〕の敵を攻撃す。本道は蔭蔽なき田間十余町の大道にして、大貫より眼下に射撃せば、一人も通過する能はざるの地勢なれば、此道には山砲を進めて頻に射撃せしめ、右翼は山腹の路より行進して、大貫を横撃して猛烈に衝突し、両道の兵ともに機を誤らず進撃して、遂に大貫の要害を抜き、敵の備る所の六角砲二門を獲たり。我が先鋒は尚も進んで苅田駅を略し、民家に火したるに、敵兵の再び大挙して来襲するに会ひ、我兵寡《すくな》くして守る能はず。遂に退て葛原の旧線に復したり。此日、本道攻撃の際死傷数十名あり。　（『懐旧記事』四）

・朝六ツ時〔六時〕、曾根口にて迫合始り、軍監福田俠平・参謀会田春輔等諸兵を進メ追撃、賊徒土民を誘ひ我兵之後を遮り、竹槍抔《など》にて兵糧運送之人民を害し妨く、依之遊軍を繰出し追撃、夕七ツ時〔午後四時〕、我先鋒賊兵を追て進み、狸山近辺人家少々放火、暮方行司近く相進ミ、賊兵不残追退け曾根へ引揚候。

（『奇兵隊日記』下）

八月十二日

•金辺峠口の惣備人数、企救郡高津尾村に押出し、同地の嶮に拠り、同口備の本営を据へ砲塁を築立て、切取切取に人数を分配す。金辺峠より押出す事凡そ二里、此地は敵の在所を一望し、能く彼の形情を知るに便なるを以て此に出張す。

（「豊倉記事」四）

八月十五日

•狸山口備を出し、本営を据え関門を建て砲塁を設け、切処切処へ持場を定め、遠見巡邏交番等厳重に指揮をなす。此地企救・京都郡境より企救郡に出たる処にて、本道中嶮要の地にして、一面に平野を見下し、遠く敵兵動静進退をも見るべきに便なり、因て此に相備う。

（同前）

この時期、長州軍の兵力不足を察知した島村は、当初の作戦どおり第一軍の本営を高津尾に進出させた。これに呼応して、小宮を総括とする諸隊も、本営を狸山口に備え、二手に分かれて長州軍の前線に迫り、攻撃に出た。

八月十六日

•奇兵隊二箇小隊・報国隊二箇小隊連合して徳力村の敵を襲うたが、利なく、城野村まで退く。熊本・久留米・柳川藩兵に戦線を離脱され、孤軍となった小倉藩兵であったが、いまは上下一致して封土奪還のために戦っているので、なかなかに強く、長州軍としても、油断のならない戦いとなった。

（『長府藩報国隊史』）

•今十六日昼時分、敵兵企救郡徳力村之方へ向来り候趣相聞候付、渋田見・大塚・岩田の隊は志井村備所より、深谷・青柳隊は高津尾村備所より繰出し手分をなし進む。相戦い一同彼れを追崩し、彼れ走りて蒲生村に至る。深谷隊・渋田見等三隊は彼れが逃るを追撃、彼れは皆城野村に向い逃去候。時已に日暮に及ぶを以て、是より高津尾村陣営に帰る。

（「豊倉記事」四）

八月十七日

•我が兵、楠葉村（葛原村）ニ屯戍《とんじゅ》スル者、進テ狸山ヲ争フ。我が兵海浜ヲ前ニシ、奇兵隊官道（中津道）ヲ前ム。上曾根村ニ至リ、敵官道ノ孤軍ヲ襲フ。我カ兵苦戦ス、海浜ノ兵モ敵ニ遮ラレ頃刻《けいこく》ニシテ漸ク相応援スルヲ得タリ、日昏テ退キ帰ル。

（長府毛利家編『毛利家乗』）

•葛原出張之兵曾禰口に出ル。則賊も已に是を待受山口に兵を配り処々より銃撃。味方地形

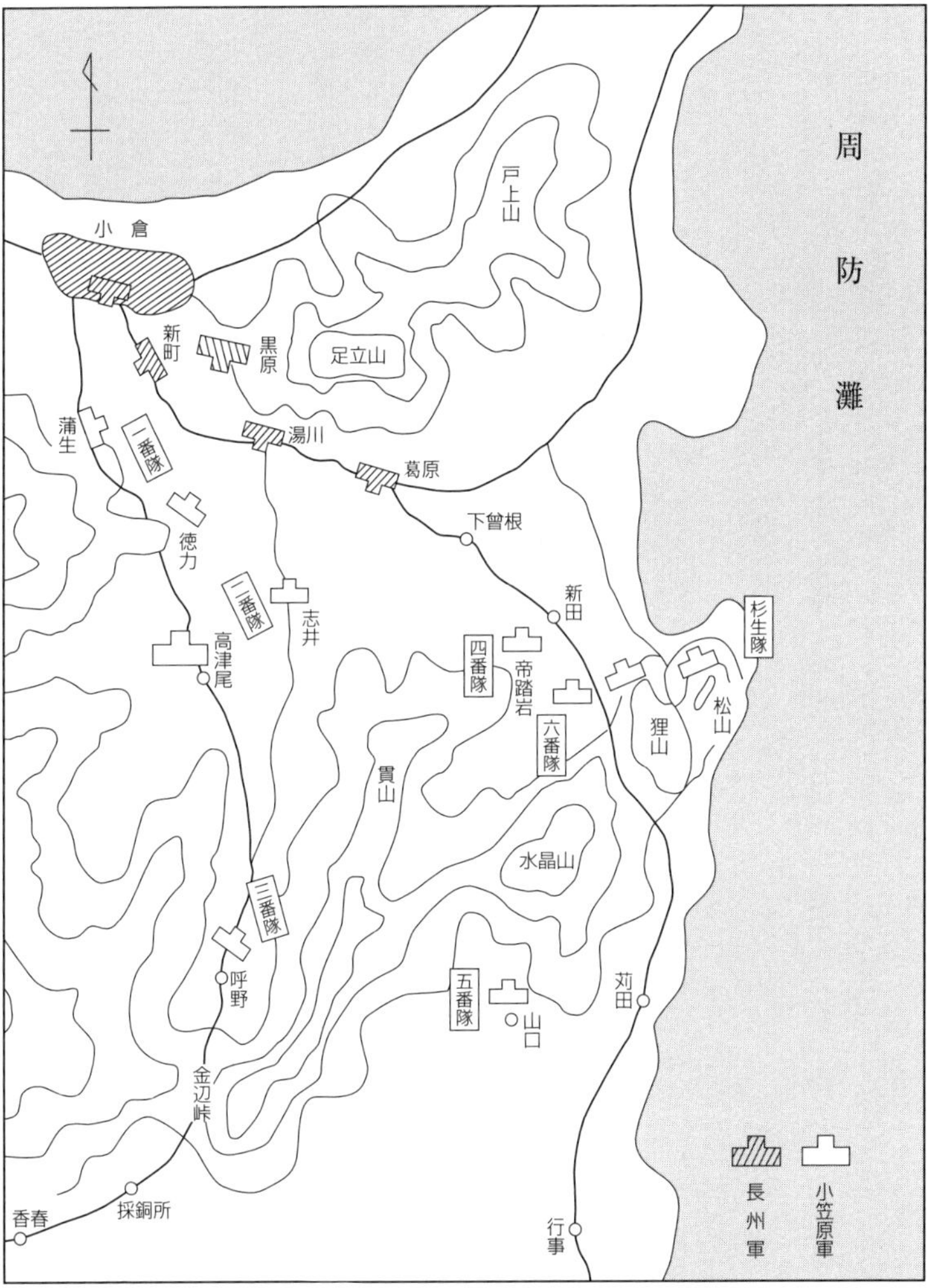

丙寅役における小笠原軍・長州軍対陣の図

(慶応元〔1865〕年8月17日現在。「美夜古文化」7号掲載図より作成)

悪敷ニ付操引に退く。賊徒後を付来り、味方葛原ニ帰ル。此処も守衛難き故湯川へ引揚候。
（『奇兵隊日記』下）

この八月十七日の戦いは、狸山口の布陣が完備した直後であるだけに、狸山備全軍あげての反撃にあい、攻め込んだ長州軍も相当の痛手を受けたらしく、「豊倉記事」には詳細にこの日の戦勝の様子が記されている。

十九日から翌二十日にかけて、長州軍は曾根村に火を放った。火勢を煽《あお》って鬨《とき》の声をあげ、相手の兵気を挫《くじ》く戦法である。このため上曾根・中曾根・下曾根の集落はほとんど焼き払われ、惨憺たる場景となった。

八月二十一日、幕府は将軍家茂の喪を発し、朝廷を動かして、しばらく征長の兵を停《とど》むという勅命を出させた。しかし、小倉戦争は一片の通達をもってしても容易に片付かず、その後も戦闘は続いた。要約すれば次のとおりである。

八月二十八日

・狸山口に於て、今廿八日未明より惣備を押出し、湯川・葛原江在陣の敵兵を追撃せんとて、本陣備を小宮民部率いて本道を押し、四番手中野一学・五番手小笠原若狭備は、貫村通り山手下長野村に出て、三十人隊小笠原八左衛門・平井小左衛門隊及黒部彦十郎・前田重助隊・近習鉄砲頭山崎蔀組下は、前夜より舟にて繰出し、伊ノ浦〔吉田村・沼村の間の海辺〕より上陸、山中に潜みショウケ原に向う。六番手小笠原織衛備は、長野村辺り応援として田原村に備う。先つ本道の兵、下曾根より発砲を始め進み戦う。〔略〕暫くの間互に打合候。〔略〕彼に於ても死傷弐拾七、八人余も有之候旨、村里の者見請候由申出候。金辺峠口に於て、狸山口惣掛りに付、壱番手島村志津摩備高津尾村陣営所より、同暁七つ時過頃より人数を繰出し、徳力村に出張し、紺屋ケ原に進んで、北方新町の敵に向い発射し、大小砲打交せ二時計り相戦う。

（「豊倉記事」四）

八月晦日

• 人夫凡百人余、各鍬鎌を携へ、一同鬨を作り我台場近く押寄候事。

（『奇兵隊日記』下）

八月晦日

• 苅田、松山沖へ蒸気船壱艘相見え、発砲致し候間、敵船に相違無之、即刻海手へ人数配り致し候。

（「豊倉記事」四）

八月晦日、長州藩の蒸気船による東海岸からの発砲は、ある程度予想していたとはいえ、現実のものとなって小倉藩は驚愕《きようがく》した。それでなくても、地上戦でようやく反撃の気運が盛り上がっているところに、今度は海上から後方を攪乱されるということになれば、事態は極めて重大なことになる。

香春政府は直ちに重役原主殿に船方隊手廻り組を預け、沓尾《くつお》港に急行させると共に、東海岸一帯の防備の強化を命じた。「豊倉記事」によれば、出張海岸備の分配は次のとおりである。

与原出張　　船方隊四十二人

沓尾　光円寺本陣　　重役
　原　主殿
　　附属役々

浜手胸墻ニ出張　　三十人隊長
　矢島津盛

上ノ台場大砲一挺　　打方
　船方隊五人

下ノ台場大砲二挺　　大砲差図役
青柳二郎左衛門
　船方隊十五人

下ノ台場大砲二挺　　同
楠村専之助
　船方隊十人

裏手台場大砲二挺　同
金田雄太郎
船方隊十人

蓑　島
賊船見掛ケ候節ハ、同島天神社前ニ昼ハ烟ヲ立、夜ハ篝火ヲ立ツ
浄喜寺住職指揮
同寺宗旨ノ僧侶七十人
右ノ外僧兵ハ浄喜寺ニ屯集

今井新開
同所土手見切五人交番
延塚藤九郎
和田卓蔵　指揮
農兵　五十人

椎田出張
船方隊　三十人
手廻り方　十余人

八屋出張
郡方隊　三十人

宇ノ島
郡方隊

岸井村黒土村辺

同人領地ニ付人数
小笠原近江守人数

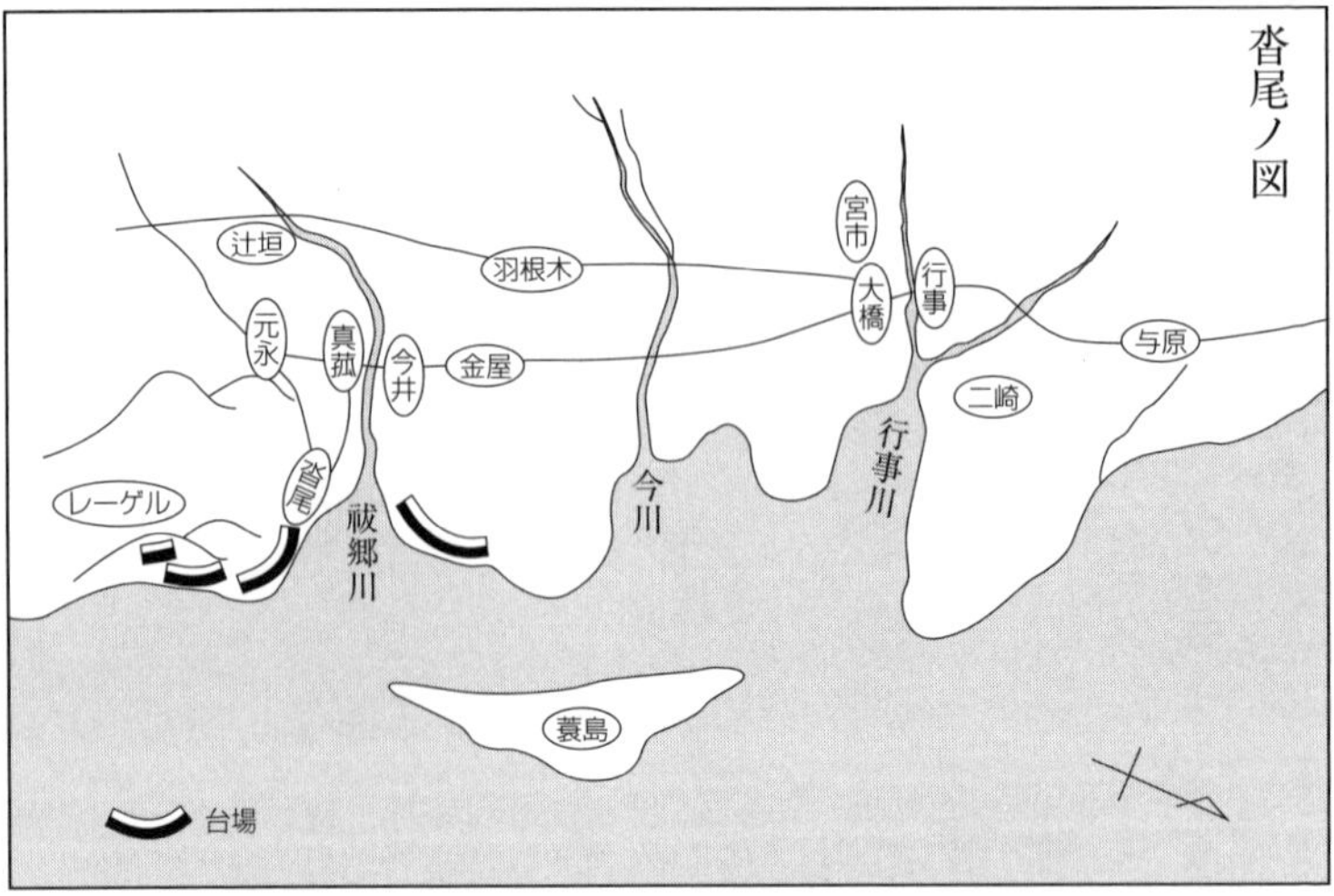

「沓尾ノ図」の復元図（長州戦争における沓尾湊のレーゲル銃，台場などの配備図。原図は小笠原文庫蔵）

出張相固め候

特に沓尾は、当時の小倉藩にとっては唯一の湊として、舟奉行の管轄のもとに、周辺に蔵屋敷などを設け、藩米の上方への搬送をはじめ、京・大坂への船便など、要港として注目されていただけに、藩首脳も以前からその防備についていては関心を持っていた。備の分配にもそのことがよく出ている。

撤兵の布告

九月二日、幕府軍艦奉行勝（海舟）安房守は、将軍後見職一橋慶喜の意を受けて、将軍薨去《こうきょ》につき暫時兵事を見合わすべく、宮島の大願寺にて長州藩広沢兵助、井上聞多などと会談した。この結果、長州藩と戦っている各戦線（小倉口、石州口、芸州口）とも一斉に休戦の約束が成り、幕府は九月十九日、征長諸藩の兵を撤すると布告した。
しかし、小倉方面の戦いは続いた。

九月四日
・今昼時分、賊船松山沖へ繋泊ニ付狸山海手持場へ出張、夕沓尾沖ニ相見へ又曾根沖ニ至リ発砲致シ候、海手何レノ処モ警衛致シ候

（「豊倉記事」四）

九月九日未明、島村志津摩は、かねてからの念願であった小倉城下奪回の計画を実行に移した。それは、彼が金辺峠に宿陣して以来、周到に準備してきた作戦であり、島村第一軍の総力を挙げての乾坤一擲の戦いであった。
この日の戦闘の様子を両軍の資料から要約する。

九月九日
・昨八日夜半より島村志津摩備密に繰出し、城内の賊を夜襲せん為め諸隊を分配し押出し、到津口門、紺屋口門、篠崎口門より城内に攻入る。敵は不意に出たるに驚き動揺、皆脱走、散乱す。戦は終日に及び、棄て去つた野戦砲など砲器類を分捕し、夕刻前進基地である高

津尾村陣所へ引取り候。

（「豊倉記事」四）

・九日、早天より敵兵小倉を襲ひ、報国隊之に応戦せり。予は奇兵隊を分て援軍たらしめ至れば、則ち敵は已に小倉城下に闖入し戦頗る烈し。午時頃に至り敵を市街の外に打退け、進んで外郊に戦ひ、遂に之を走らしめたり。

（『懐旧記事』）

・小倉藩兵は前夜来小倉城外清水山千畳敷に陣し、この日早暁より筑前口・篠崎口の二か所から来襲、長州軍不意を衝かれて敗退。その間に来襲兵は小倉城を占拠。本丸に保管された小倉藩の重要書類、その他の物品等を奪還、城外に移し去る。広寿山福聚禅寺の長州軍本営から山県狂介・三吉内蔵介等手勢を従えて急ぎ来援するも、すでに敵兵退却のあとであった。長州軍追撃して清水山の本陣を焼く。

（『長府藩報国隊史』）

島村が夜襲をかけた九月九日、上使松平権之助が豊後杵築経由で大橋に到着。柏屋勘八郎[16]（柏木勘八郎）方に宿泊し、同夜、行事村飴屋彦右衛門（玉江彦右衛門）方にて、藩主名代小笠原近江守に引見、将軍薨去に伴う次のような休戦通達を申し渡した。

御書取

大樹薨去、上下哀情の程も御察被遊候付、暫時兵革見合候様可致旨御沙汰ニ候、就ては是

迄長防ニ於て、隣境侵掠の地早々引払、鎮定罷在候様可取計候事

（「豊倉記事」四）

こうした中央における休戦の動きにも拘らず、休戦したのは芸州口と石州口のみで、小倉方面の戦闘は一向に鎮まる気配もなく、企救平野を中心に、毎日のように哨戒線を突破しようとする両軍斥候隊と哨兵との間で戦いが続いた。

特記すべきは、八月一日の小倉城自焼後、金辺峠、大貫峠（狸山）の要害の地に立て籠ってからの小倉軍は、島村の得意とする遊撃戦で真っ向から長州軍と対決し、もはや昔日の比ではなかった。

「豊倉記事」（四）によると、

九月十八日　長崎表ヨリ六角砲四挺今夜香春へ到着致シ候

九月　廿日　狸山口ニ於テ此度長崎ニ於テ買入之六角砲二挺今日到着ニ付、昼時分ヨリ松山潟ニ於テ馬島《まじま》ニ対スル沖ヲ目当テニ致シ試砲候処、至極克《よく》出来ニ付、大砲預リへ引渡、狸山関門へ据付候

九月廿一日　六角砲壱挺金辺峠口壱番手備ニ引渡シ候

アルムストロンク《〔アームストロング〕》壱挺附属之品トモ長崎ヨリ今晩到着ス

九月廿二日　六角砲壱挺宇ノ島海岸へ据付候

アルムストロンク壱挺沓尾浦海岸へ相廻シ候

九月廿九日　沓尾浦へ今日アルムストロンク台場出来之上、筒据付相成候

と記され、小倉藩が、長州軍の攻勢に備えて、新兵器を長崎に発注、防備の態勢を固めていることが分かる。

高津尾の戦い

島村第一軍が、長州軍の攻勢に備えて、前線基地高津尾を中心に周辺の各出丸に台場を設け、全軍をあげて防禦を固めていったのは、秋も深くなった九月下旬である。

ここ高津尾の陣は、島村が当初から防禦の拠点として求めていたように、その地形の条件が他に類のないほど恵まれていた。

高津尾の戦術的価値については、案浦《あんのうら》照彦氏が「記録」（小倉郷土会編）第十一号に詳細に記されているので、一部を引用させていただく。

高津尾は、福智山（△九〇〇・二）と平尾山竜ケ鼻（△六八〇・七）の両系の急斜面が作る峡谷約八〇〇米の長隘路たる金辺峠の入口に居在する。前方は企救平野の南部にあたり、紫川が概ね中央を縦走して南方に上るに従って平尾台の西部と福智山系にせばめられて細長い峡谷を作り〔略〕

高津尾の内部は、高津尾を中心に東に小丸山（△五〇）、西南に大丸山（△一五〇）、この大小の丸山が恰も咽頭部の押さえかのように稍小丸が前方に突出して企救平野をさえぎっている。〔略〕

この両丸山を支点として、右翼北東に、秋葉山、小鍋山、白旗山（△五〇－二〇〇）の小丘陵群が連立し、左翼北西方には水上山（△二五八）を背後に、宝積寺山、古稲荷山、吉兼山（△五〇－二〇〇）が延びて、高津尾を中心にV字型を形成している。所謂逆八陣地を採るに利のある形態であった。

この要害の地を利した島村第一軍の防衛布陣は、以下のようであった。

堂ケ鼻山（本陣）　島村志津摩
吉兼峠（台場）　矢部民右衛門隊

平尾台より遙か高津尾の小丸山を望む

辻蔵峠（台場）　湯川寛左衛門隊
金山峠（台場）　市岡武右衛門隊
岡山の塁　原新五兵衛隊
陣ケ尾の塁　有馬政之丞隊
白旗山の塁　深谷小太郎隊

一隊は三、四十人の兵をもって組織され、深谷小太郎を除いて隊長はことごとく無名の藩士であったが、島村の卓越した用兵のもとで意気天を衝くの気概があった。この他、一番手附属部隊として、青柳隊を蒲生《がもう》に、松本隊を蒲生・今村方面に展開させ、門田隊は応援として守恒《もりつね》付近に備え、茂呂大砲隊は徳力、秋葉山の砲台を守った。

頑強に抵抗し容易に屈伏しそうもない小倉軍に、長州軍は苛立った。

事実、奇兵隊の軍監山県有朋は、当時の心境を『懐旧記事』に次のように認めている。

我藩は企救郡の大半を領略し、民治を施して以て専ら人心を鎮撫し、又兵力を以て敵兵を圧迫したるなれば、彼れ必ず窮蹙《きゅうしゅく》し、久きを待たずして止戦講和の議を望むことあるべしと予期したりしに、頃来《けいらい》熟々小倉士人の所為を見るに、闔藩《こうはん》香春に遁逃したりと雖も撓《たゆ》まず屈せず、全力を尽して以て幕府の為めにするの決心を固執し、其来襲するや大兵を以てするには非ざれ共、常に四方に出没隠見《いんけん》し、苟《いやしく》も隙の乗ずべきあれば即ち突出して、我を衝き以て小倉城を恢復せんと是れ望めり。

而して我兵は戦線数里に亙り、勢ひ其力を分たざるを得ざるが故に、寡少の衆を以て守禦を全くすること能はず。到底大に、わが兵を増し大軍を以て敵の巣窟《そうくつ》を一撃の下に鏖破《おおは》せざれば、終に彼を降伏せしむるの日なかるべし。因《より》て政府に稟申《ひんしん》して増兵を乞ひ、其間進撃を止め、守備を厳にして以て援軍の至るを待てり。然れども此間、各所の小戦争に虚日《きょじつ》なく、九日小倉の戦いの如きは近来の劇戦たり。

このことから察するに、開戦時の勝利で小倉軍なにものぞという意識を常に持っていた長州軍は、止戦に入る前に、一気に決着をつけ、小倉軍に壊滅的な打撃を与えたいと考え、本藩政府に対し至急応援軍の増派を要求したと思われる。

ここにおいて、藩政府は休戦になった芸州広島口、石州津和野、浜田方面に転戦していた長州軍を続々本国に引き揚げ、小倉方面に出陣すべく命令し、十月朔日・二日にはこれら増援諸隊はことごとく小倉に到着した。

十月四日、長州軍は夜明けを待って、金辺峠口、狸山口の二方面に総攻撃をかけてきた。特に、香春政府に通ずる金辺峠口の島村第一軍の各出丸には、新たに増援された八幡《はちまん》、鴻城《こうじょう》、堅田《かただ》、粟屋《あわや》という歴戦の諸隊が投入され、これまでにない大規模な攻勢がかけられた。

かくて小倉藩の存亡をかけた高津尾攻防の火蓋は切られた。

島村も生死を賭けて、圧倒的な長州の大軍を前に血みどろの死闘を展開した。高津尾口にあたる宮尾、菜園山、今村、守恒、蒲生の台場を守る第一軍の将兵も、島村の期待に応えて必死に戦った。しかし如何にしても小倉勢は少数、決死の勇を奮って戦っているものの、前後左右から戦術巧みな長州軍の攻撃を受けて苦戦は免れなかった。

この日の戦いで、島村が最も信頼し、期待をかけていた一番手島村志津摩備・歩兵隊長松本藤三郎が蒲生の砦で壮烈な戦死を遂げた。

志津摩も高津尾堂ケ鼻山の本陣にて松本隊全滅の報を受け、愕然として声を失い、合掌瞑目したという。

宮尾、今村、菜園山、蒲生の諸塁を一気に突破した長州軍は、勢いに乗って前衛基地高津尾に殺到した。激しい攻防がまたも両軍の間で展開された。

『小倉戦争記』（下）は、この高津尾の戦いを次のように記している。

大将島村志津摩衆に先立ち奮闘しければ、味方の一人は敵の十人にも対す可く、瞬く内に長州勢おびただしく打斃したれば、敵も進み難くて、既に崩れんとする時、隊将坂田新助、太刀を打ち振り、敵に後《あと》を見する者は味方と雖も用捨なく切り捨てんと立塞りければ、全隊之れにはげまされ、聚雨の如き弾丸《たま》の下を、両眼を閉《ふさ》ぎ、必死となって突進せるに

〔略〕

金辺峠の島村志津摩の記念碑に刻まれている、

「君諱は貫倫、剛果鋭勇、胆略人に過ぐ。此の役、先鋒第一隊に将たり。大小数十戦、弾丸雨注の間に立ち、従容として指揮進退、其の節を失はず」

とは、この高津尾での島村の戦いぶりを称賛したものであろう。

十月七日午の刻(正午)から始まった高津尾本陣の攻防戦は、島村第一軍の必死の防戦にも拘らず、大集団を巧みに生かした長州軍の迂回作戦にあって、白旗山、辻堂峠、吉兼峠の塁をはじめ高津尾本営の六つの外郭陣地は次々に陥落していった。

四時間余りの苦闘の末、遂に島村も力尽き、本陣の砦を捨てて峰づたいに金辺峠へと退いていった。

のちに「門司新報」は、「高津尾遂に敵手に入る」と題して、本陣最後の様子を次のように

報じている。

島村は堂ケ鼻の台場に出張り、大砲方門田栄《さかえ》を指揮し、又自ら大砲を打つて必死の働きをなしたが、援兵とては一名もなく、其の背後には、早くも焰々《えんえん》たる黒煙天を覆ひ、矢叫びの音、山に響き、谷に轟き、丸山北口の台場には、鴻城・八幡の荒軍、川を伝ひ柴山《しばやま》を別けて押登り、徳力より徳光の野には、敵の後詰《ごづめ》八百余人鬨《とき》を作つて攻寄せ、同所を固めた味方の勢も力尽き、堂ケ鼻の台場に馳せ帰る様子を眺めて、島村の部下は大刀を抜き「敵に背を見する者は、味方と雖も切捨つべし」と大音に叫んで立塞がつたから、馳せ帰つた味方の兵は再び筒を取直し、玉《たま》の中を潜《くぐ》り敵に向つた。されど、白旗山・陣ケ尾より新に三百余人の敵勢現はれ、筒を揃へて打下し、味方は将《まさ》に全滅に瀕《ひん》せんとせるを以て、島村は無念の涙を呑みつゝ「今は早、此れ迄なり、徐《おもむろ》に後図を策するに若《し》かじ」と引鉦打つて散兵を纏め、堂ケ鼻より尾伝ひに宮山の峰に登り、後の方を見返すと、敵は早くも高津尾に押寄せ「八幡隊の何々第一番に高津尾を乗取りたり」と声高々に叫び、次いで一同凱歌を挙げ歓声は天地を振撼《しんかん》した。時に同日申《さる》の下刻《げこく》〔午後四時〕。

金辺峠へ撤退

この夜島村は、高津尾から峰づたいに進み、わずかの手兵と共に福智山の南麓にある頂吉《かぐめよし》の村に着いた。頂吉は戦前、島村がよく猟に出かけた所で、村人たちとも顔馴染が多かった。「門司新報」の伝えるところによれば、島村は民家に入って夕餉をとったあと、村人を呼び集め、

「武運尽きて、高津尾の台場を退いた。この上は敵の気勢を窺ひつゝ、金辺峠にこもつて防ぎ止めんと思へ共、今日まで、味方のために心を砕き、昼夜の役目を厭はず尽してくれた百姓を敵地に振捨て立退《の》く事、心外千万なり。我幸に生き永らへば、誓つて武運の恢復を期し、再び汝等に相見え、今日《こんにち》の辛苦に酬《むく》ゐる遣《つか》はさん」と戎衣《じゆうい》の袖を絞《しぼ》つて別れを告げ呼野に打向つた。

と報じている。

島村志津摩が企救郡農民に残した最後の言葉である。

十月八日、企救郡を放棄し金辺峠に引き揚げてきた島村第一軍は、直ちに同所を本陣として、残存した兵力で最後の防衛軍を編成した。しかし、長州軍の大攻勢で有能な指揮官を失い、また、参加した農兵の中には戦いに見切りをつけ、脱落していく者も出るなど、兵力もかなり消

耗していた。

十月二日の「藤田弘策日誌」によれば、

蒲団ノ給与アリ。但三人ニ一枚宛。是ヨリ前、寒夜ハ莚《むしろ》ヲ夜具トス。〔略〕此時衣服ハ小倉退去ノ儘ニテ、余カ服スルモノ単胴腹短袴《こ》ノミ。以来雨ニ霑レ、露ニ潤ヒ、諸所弊ル。序ニ記ス。戦争中食事ハ米飯ト梅干、或ハ胡麻塩ノ他ナシ。

とあり、防衛軍の現状は誠に悲惨なものだった。

勇猛な島村第一軍が高津尾の決戦で破れ、金辺峠に引き揚げたことは、小倉藩全体に大きな打撃を与えた。士卒は勿論、藩上層部も失意の色は隠せず、暗澹たる気運が漂った。最後の防衛線である金辺峠の関門が陥落すれば、長州軍は雪崩を打って藩政府のある香春に攻め込んで来ることは必至で、事は極めて重大な局面を迎えていた。

十月十日、金辺峠を前面に仰ぎ、長州軍の士気はますます旺盛、未明から全線にわたって二度目の総攻撃を開始した。

小倉藩は、金辺峠口の攻防が烈しくなるにつれて、狸山口より四番手中野一学備、五番手小笠原若狭備、六番手小笠原織衛備などの一部の兵力を応援出張させ、狸山口には行事・大橋に詰めていた予備軍も繰り出し、総力をあげて防戦するも、至る所で苦戦。特に貫山方向より迂回した長州軍は、広野一帯を乗っ取り、龍ケ鼻に出て、夕刻には本陣の金辺峠の上部にあたる平尾山に陣を布いた。

龍ケ鼻は、金辺峠を眼下に見下ろす位置にあるだけに、この嶮を奪われたことは、金辺峠の関門を守る島村第一軍に致命的な衝撃を与えた。

山県の『懐旧記事』は、この日の小倉勢の様子を次のように記している。

> 数日の戦、敵勢益退蹙《たいしゅく》するを以て、直に其根拠香春を取らんが為に三道より進撃せんことを議し、即ち一は奇兵隊を以て大貫口を虚撃し、一は奇兵の一部と八幡隊とを以て徳力を攻め、一は鴻城隊をして敵の左翼を衝き太閤道[17]に向はしむべしとの戦略を定め、十日黎明期の如く三道より並進む。此日予は太閤道より進軍せり全軍の士気益々振ひ先を争ひ勇進す。而して敵復た抗すること能はず。恰も無人の境を過ぐるが如く破竹の勢を以て直に龍ケ鼻の塁を取る。日暮に至り、諸兵を要衝の地に配置し以て天明《てんめい》を待つ。

山県の記述とはいえ、長州軍の士気盛んな様子と、逆に小倉勢の意気消沈ぶりが、よく出ている。

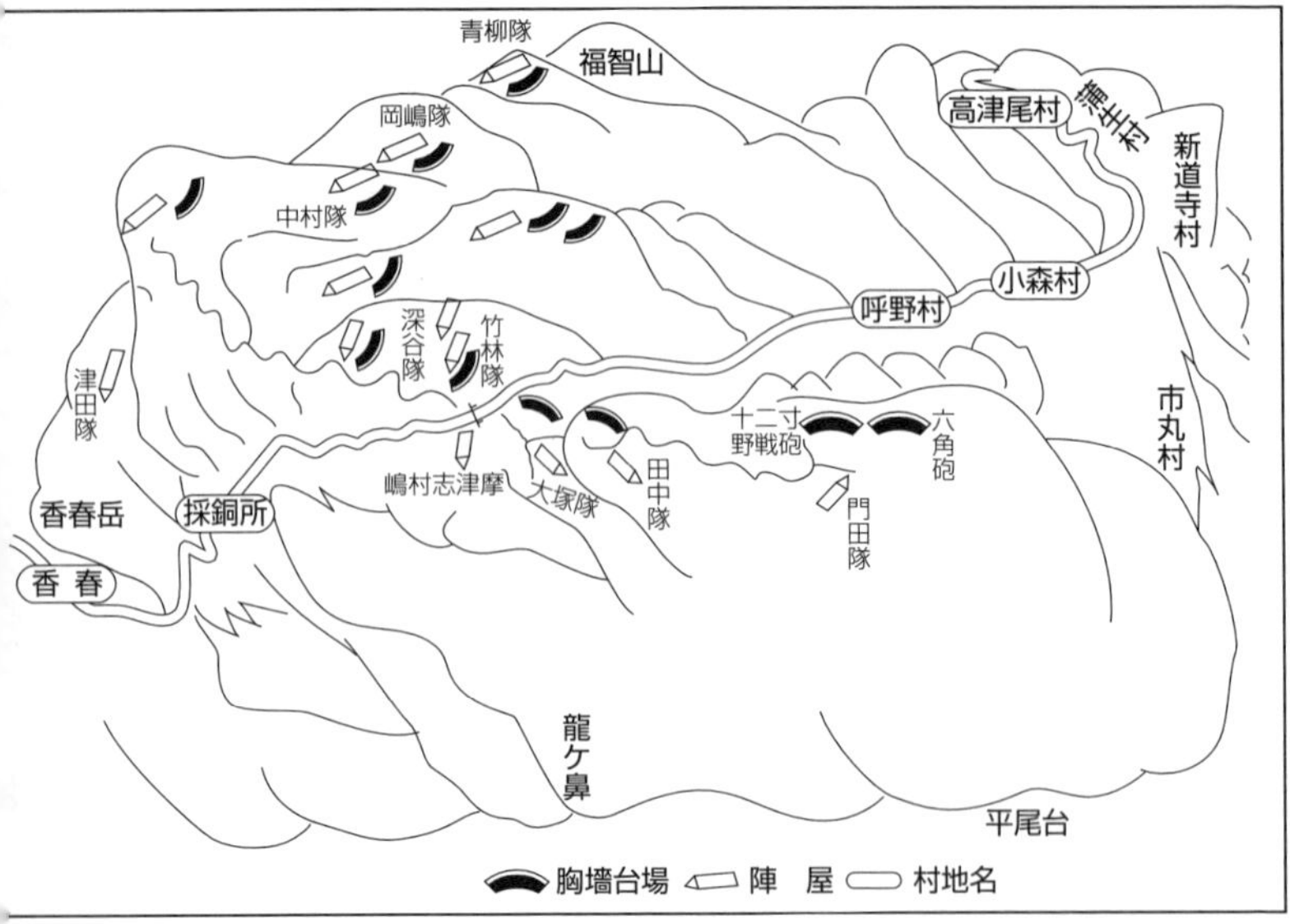

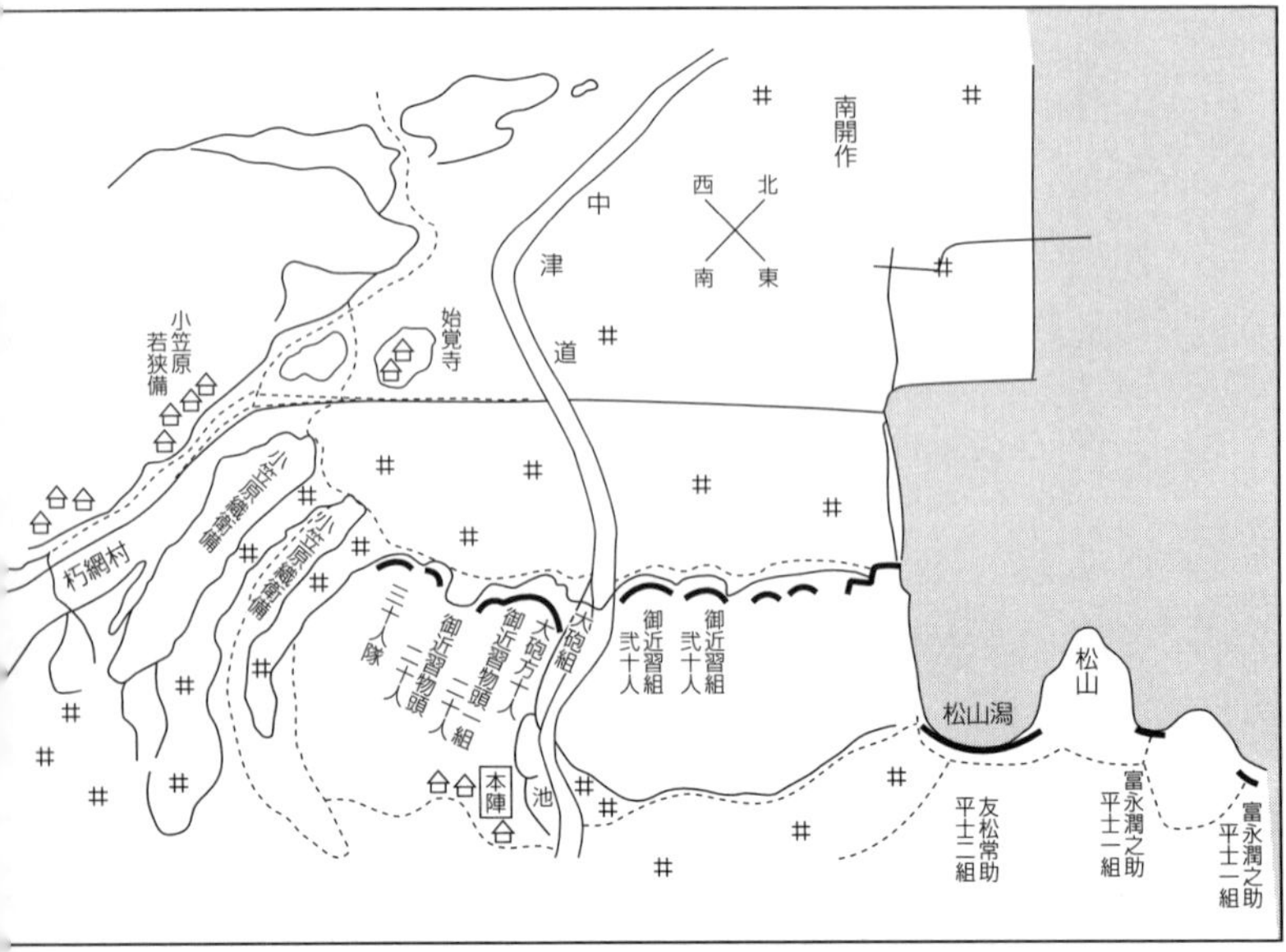

上＝「金辺峠江引揚ノ節備配図」，下＝「狸山配備図」の復元図（小笠原文庫蔵）

止戦交渉

この時期、小倉藩内部では、京都留守居役より、想像以上に弱体化した幕府と、これ以上戦いを進めることの無意味さの進言が再三にわたってなされた。

藩首脳部としても、もはや限界に来ている藩軍の戦力からして、早期に止戦に持ち込むべく、藩士吉川種次郎を太宰府に派遣した。吉川は、長州から落ちのびていた三条実美以下五卿(18)を守護するため肥後藩より出張していた秋吉久佐衛門に面談し、同地に滞在中の薩摩藩士と共に調停の労をとってもらうべく打診した。

秋吉は小倉藩の苦境に同情して、内々五卿に相談したところ、五卿も心を痛められ、「両国の和順望ましき至り」とのことであった。その結果、薩摩藩士三雲藤一郎を説き、同人と共に、藩命はなかったが個人の資格で仲裁を試むべく、十月九日、太宰府を出発、翌十日香春に着いた。

香春政府は早速、後見職小笠原近江守をはじめ藩政府首脳による評定の結果、和議の件については秋吉・三雲両士に委任することを決定した。ただ当時、仲裁を頼んだということは、ごく少数の者しか知らず、体面上、また家中の士気上、秘密に付した。

しかし、気掛かりなのは、今日まで文字どおり死力を尽くして、企救の山野で長州勢と戦い続けてきた第一軍将島村志津摩が、この段階で止戦の調停を受け入れるか否かであった。島村は止戦交渉が極秘のうちに藩政府によって進められているのを全く知らされてないだけに、首脳陣も案じていた。

香春政府は、島村と比較的相性のよい生駒主税を、秋吉久佐衛門、三雲藤一郎の両使者につけ、夕刻、香春を出立、金辺峠に布陣している島村に面会させ、戦争休兵に至るまでの経過を話し、理解を求めた。

島村は非常に残念がったが、敗走寸前の小倉藩の現状と先行きを考え、不本意ながらも止戦について両使者に一任した。

この件については、翌日の「藤田弘策日誌」に、

同十一日席触（家老の通達）
志津摩殿御談判、中々六ツケ敷処、色々之御咄ニテ、肥後藩・薩摩藩敵之本陣迄和義之御扱ニ相成、先刻右両士ニ山内猛雄差添ニテ出馬之事。
明朝襲来候トモ、相応ジ、対戦之上、片山へ蓄ミ候事。

と記されていることから、両使者を交えての話し合いが相当きびしかったものと推測される。

十月十一日、島村の了承を得た肥後・薩摩の両使者は、小倉藩士山内武夫の差し添えで、金

辺峠の北麓にあたる東谷村にて、長州軍神機隊隊長三津田三郎、八幡隊軍監小笠原美濃介に会った。

この時の交渉の内容は「豊倉記事」（五）に明らかにされている。要約すれば次のとおりである。

「天幕より休兵のことが出されたが、貴藩と小倉藩とは、なお戦争が続いている。家を焼かれ田地をふみにじられた企救農民の苦痛もさることながら、天下の動揺実に歎《いた》ましく、小倉藩においては、大変迷惑をしている状態です。ここにきて、島村志津摩より、ぜひ休戦の儀を貴藩に歎願してくれるよう頼まれたので罷り出た次第です」

止戦交渉に不本意だった島村の名前をあえて語ったのは、小倉藩の実力者である島村の言動如何で藩論が左右されることを、長州側が充分知っていると考えたからであろう。

これに対して長州側の反応は、

「小倉藩にはこれまで数々の御恨みもあり、その悲憤を晴らすべく、ここに出陣している兵はみな決死の覚悟で来ているので、そう簡単には即答できない。委細は承知したが、充分協議した上で回答致したいので暫時猶予されたい」

ということで、この日は両者の言い分を聞くのみで終わった。

交渉は両藩の思惑もあって難航し、そのつど小倉藩は苦悩した。その経過と、それに関連する記事を「豊倉記事」を中心に追ってみよう。

十月十二日　談判中は両陣共に砲銃を放たないことの約を取り交す。

十月十七日　重役小笠原内匠儀、島村志津摩不快引籠中につき、金辺峠へ出張として今日より罷越す。

この記事で見る限り、島村は自分の意に反して止戦歎願する結果となったことに不快さを増し、療養ということで金辺峠の陣営を離れ、この期、採銅所御領口の宿所(19)に引籠っていたことが分かる。

十月十八日、奇兵隊の山県有朋は、足立の陣営で「時勢観」を認め、山口政府に上申した。その中で、進行中の小倉藩との止戦交渉について、自分の考えを述べている。山県が奇兵隊の軍監だけに、長州軍首脳としての交渉条件として興味深い。

『懐旧記事』に書かれたその内容を一部抜粋すると、小倉止戦については、

一に幼君を質とし

二に幕府再挙の時、我先鋒を為し

三に島村の首級を献じ
四に諸事我末家に準じ
五に土地を割く
此五事を要求し、講和の験《けん》を立てしむべし

とある。

特にこの中で、小倉藩が最も困惑した幼君人質の件については、どうしたことか「豊倉記事」には記されていない。しかし十月十二日、長州藩の軍目付である野村右仲が小森村に来て、小倉藩の使者に応接した際、小倉藩の世子を長州に迎えることを提案し、それについての回答を求めている。

これから察するに、山県の止戦条件が早い時期に麾下の幹部に滲透していたのではないかと思われる。

交渉は相当に難渋したらしく、小倉藩も再三にわたって使者を長州陣営に送り、釈明に努めている。しかしながら長州側は勝者の立場に立って要求を固執したため、小倉藩も当惑し、持ち帰って回答することが多かった。

その中でも、きびしい問題については、採銅所御領口に休息中の島村のもとに罷越《まかりこ》し、報告も含めて意見を求めているようだが、「豊倉記事」を見る限りにおいては、島村もかつてのような積極的な意見はほとんど述べていない。すべて香春政府に任せていたようだ。

十月十八日までの長州側の交渉要求は、山県の考えていた、先の五つの項目から多少後退し、次の三項に絞られた。

一、長州藩再征の幕命が今後あっても小倉藩は出兵しないこと。
二、小倉藩世子を長州に差し送ること。
三、止戦問題が落着するまで、金辺峠、狸山峠を開放すること。

これに対して小倉側は、十月十九日の香春における諸備大将・軍監・軍議役会議で評決し、翌朝、島村の了承をとって長州側に回答している。

その内容は次のとおりである。

一、長州藩再征の幕命が今後あっても、小倉藩は出兵しない。
二、小倉藩世子を長州藩に差し送ることは難しい。
三、一方的に小倉藩が金辺峠、狸山峠から撤兵するのでなく、小倉陣営の胸牆《きょうしょう》（胸壁）を取り除き、その後、両軍から出て双方に関門を作り、番人をおき、連山に柵を結うて、みだりに踏み出すことのないよう、諸卒に申し渡しをする。

この回答に対する長州側の態度は、一、三については了承したものの、二についてはなお今後の協議に待つ、ということで留保された。

調停の労をとった肥後藩士秋吉久佐衛門と薩摩藩士三雲藤一郎の両士は、一応、止戦の約定がまとまったのを機会に、「世子人質のところは、貴藩にて、とくと御勘考の上、直《じき》に長州方に御回答相煩《わずら》わされたし」として太宰府に引き揚げてしまった。

金辺・狸山両峠陥落

こうして交渉が遅滞している間、十月二十一日、大坂より軍艦にて、

一、四斤施条砲　　六挺
　　但車台共其外附属数十品略之
一、錆《さび》色ミニーケル筒千挺、五十棹《さお》〔五十箱〕
　　但附属品略之

右、大小砲附属の品が豊後佐賀の関に着き、海路宇ノ島、沓尾を経由して小倉軍に届いた。幕府が、表向きは休戦通知を出しながら、小倉藩に対しては、長州軍の休戦通知不履行に備えて密かに武器を送っていたことが分かる。ただこれについては、小倉藩から京都留守居を通して強い要望があったものと考えられる。

この日、関門に一部の番人を残し、島村の率いる第一軍は金辺峠から退いていった。

島村は陣屋を去るにあたって、「企救の人々に対して相済まぬ」と言って落涙し、領民と共に今日まで常に先頭に立って戦ってきた企救郡の農兵・郷筒隊の兵士を一堂に集めて訣別の辞を述べ、後事をさとして解隊したといわれている。

十月二十二日、狸山峠も胸牆・台場などを取り崩した後、関門を長州軍へ引き渡し、同所備の各隊もそれぞれ後方に退いていった。

これにて、小倉藩軍最後の拠点として確保していた金辺・狸山の二つの関門は、ついに長州勢の手に落ちた。

十月三十日、肥後滞在の貞順院より次のような激励の文《ふみ》が島村志津摩のもとに届いた。

島村志津摩

右は出張先ニ而取計止戦ニ相成候義委細御承知被遊候、然ル処自分之了簡ニ而致取計候段、恐入引籠罷在候趣相聞候得共、右は其説ニ臨ミ差迫リ候而之取計無余義事ニ付、於其段は毛頭懸念無之候間、早々出張一際力を尽し、以後御恢復之処厚心掛候様との御意被仰之候

（「豊倉記事」五）

その要旨は、「肥後の避難先で、長州と止戦に及んだことについては詳しく承っている。自分の判断でそのことを決めたことについて、大変恐縮し、自ら謹慎しているとのことであるが、止戦のことは、あの場の切迫した状況の中で仕方なく判断したことであり、少しも思い悩むことはない。速やかに持ち場へ戻り、藩の復興のため力を注ぎなさい」というものである。

思うに、企救平野における島村志津摩の勇猛ぶりが、早くから肥後表にもたらされていただけに、今後、小倉藩の柱石ともなる島村の身を案じての貞順院からの書面だったのである。

いずれにしろ止戦に至ったことについて責任を感じ、御領口の宿所で悶々の日々を送っていた島村にとって、幼君に代わっての貞順院からの励ましの文は、彼の心を癒すには充分であったに違いない。

その後、島村は田川郡上赤村（赤村）の明星山正福寺に一時滞在し、慶応二年十一月六日、同寺にて第一軍の戦死者十四人の供養を行った。

この供養の様子については、同寺第十六代の住僧伊藤神嶺氏（明治十二年八月十四日、五十

島村志津摩が第一軍戦死者の供養を行った正福寺の楼門（田川郡赤村）

二歳にて没）が書き留めていることを、赤村文化財調査委員会が「郷土我鹿《あか》」の中で紹介されているので転載させていただくと、

一番手島村大将之藩兵戦死ノ面々ノ為、大将ヨリ御指図ニ付、十一月六日於拙寺三部経読誦、右ニ付キ専教殿親子・法光寺殿・法園寺殿親子・知恩寺弁企救郡山木西方寺彼是十四、五人出勤、戦死ノ人数、余間ノ中段へ位牌ヲ飾リ、法中焼香、引続キ大将、且又想家中其外諸藩参詣共ニ焼香、誠ニ御威儀厳重ノ事ニ候、最右諸藩戦死ノ人数ハ不及書出候

とあり、一軍戦死者の供養が島村の手によって盛大に行われたことが分かる。なお、この供養者の氏名などは、慶応二年十一月六日の正福寺過去帳に明記されている。

当時、小宮民部は、止戦交渉開始の前後から自ら引退して、仲津郡崎山村（京都郡犀川町崎山）の庄屋森唯助方に仮寓して、藩議には参加しなかった。そのため香春政府は、小笠原内匠《たくみ》、参政大池襲馬、生駒主税、岡出衛《いずる》らによって実権が握られていた。

孤立する香春政府

十一月十六日、香春政府は、御近習番頭格茂呂三郎平以下、野島要人、吉川種三郎の三人を使者として下関に派遣した。

三人は、新地の林算九郎[20]宅にて長州藩の前原彦太郎（一誠）、藤井七郎左衛門、山県狂介らと面談した。この席で先に課題として保留していた世子豊千代丸君の人質要求の件について回答の日延べを乞うたが、双方の主張が相入れず再協議となった。

十一月二十二日、香春政府は暗礁に乗りあげた世子人質の件を打開すべく、肥後・薩摩の両藩に仲裁を依頼した。しかし肥後藩は、当時の政局がらみの藩内事情が複雑で表向きには仲裁に入れず、薩摩藩もまた、第二次征長戦の失敗を契機に、同盟国長州と共に討幕路線への道を急いでいただけに、他藩に構っている余裕などはなかった。

完全に孤立した香春政府は、十一月二十九日、京都滞在中の石井省一郎を呼び戻し、松本恒助（正足《まさたり》）を随伴させて馬関に渡海させた。

石井は早速、新地の林算九郎邸において、前原彦太郎、藤井七郎左衛門、国貞真人の三士と会い、世子人質の件で再度回答の延期を乞うた。押問答の末、回答の期限は十二月十八日となった。

今回の交渉にあたった石井省一郎は、小倉藩きっての開明派で、他藩応接掛として、京都、摂津をはじめ各地に奔走し、内外の大勢にも極めて精通した人物であった。それだけに以前から幕政地に落ちた今日、なお幕府一辺倒の藩政を批判し、早期に長州と連携して、共に勤王の大事業に従事することを説いてきた。

長州側も、そうした石井の人となりについては充分承知しているだけに、小倉藩としては最後の切り札として使者にあて、和解を図ったものと思われる。しかし、その石井をもってしても、人質要求撤回の回答を得ることはできず、わずかに回答期限を延期させたに過ぎなかった。

十二月三日、小倉藩の執拗な回答の延期に業を煮やした長州軍は、小倉藩に何か謀計があるのではないかという兵士たちの疑惑を解くため、監視という名目で一方的に二中隊を採銅所に、三小隊を行事、大橋へ進出させて宿陣した。

特に大橋は、沓尾・田川を結ぶ要地でもあり、小倉藩の米蔵もあって、長州としては交渉決裂後に備えて戦略上ぜひ抑えておきたいというねらいがあった。

これに対し小倉側は、監視兵とはいえ、企救郡に続いて、止戦交渉中に、田川・京都の両郡まで長州軍を入れることは、人心の動揺もあり、受け入れ難いと撤兵を乞うた。しかし長州側は、馬関中軍の命令であるといって全くこれに応じなかった。

重大な局面を迎えた香春政府は、十二月十五日、第六軍将であり、かつ御家門の小笠原織衛を正使、生駒主税を副使として、山田熊太郎、三浦治右衛門などの随員を選び、馬関にて長州側と協議を行った。

席上、生駒主税は、初めて藩主忠幹公が昨年九月他界したことを明かし、幼い世子豊千代丸君が肥後細川家に御預け中にて、藩情甚だ困難なことを訴え、幼君出質の件につき宥恕《ゆうじょ》を願い出た。

これに対し長州側は、世子に代わって後見職小笠原近江守の出向を強く求め、十二月二十二日までに確答なき場合は、交渉決裂も止むなし、と申し渡した。

度重なる小倉藩の交渉延期で、長州側も今回は不退転の決意で臨んだ。

十二月十九日の『奇兵隊日記』には、この交渉にかけた長州軍の意気込みがよく出ている。

十二月十九日
一、倉人応接、彼の末家近江守差出候様被申渡候付、直様出立致帰国候、尤此義廿一日を期限として、夫を誤る時は両口より討入、残党悉皆討滅之段被申渡候由赤関より報知

藩主後見職の出向という新たな難問を要求された小笠原織衛一行は、十九日夜馬関を発ち、

二十日香春に帰着した。期限が迫っているだけに藩政府は直ちに近江守陣所に諸将、諸隊長、番頭以上を集め、評議に入った。

これより先、世子人質の件が藩内にもれるや、家中少壮の士は、長州側の度重なる一方的な要求に憤激した。彼らは長州があくまで世子人質の件にこだわるなら、同志と共に決死隊を編成し、一死もって藩に尽くさんと誓い、香春政府に決して姑息な手段を使わないよう強硬な申し出を行った。

状況は大きく揺れ動き、一触即発、予断を許し難い情勢になっていた。内に少壮集団の徹底抗戦の動きが表面化し、外には長州からの後見職人質問題で、「決答」期限を突き付けられるなど、小倉藩は崖っ淵に立たされた。

評議は続いた。そして次の五点にしぼられた。

一、後見職小笠原近江守を人質に出すことは、九州探題、徳川譜代藩としての名門の誇りもあり、武門の恥である。
二、少壮集団はいつ暴発するか予断を許さない。
三、強力な長州軍を目前に控え、決戦に及んでも藩軍の現有勢力では勝利は覚束ない。
四、長州側はこれ以上代案を受け入れる余地はない。

五、肥後藩への調停依頼も現段階では期待できない。

結局、藩の存亡をかけて戦うしかないということで、大勢は防戦論に傾き、人質拒絶に決定した。

ただこの評議の席に、第一軍将であり、少壮集団に絶対の信頼がある島村が、病気休養ということで欠席しているし、防戦ということになれば、島村の意向も聞くべきだという声が多かった。そのため、当時藩参政の生駒主税が、下香春の庄屋方別荘に寓居していた島村を訪ね、意向をただすことになった。

「開国」の決意

藩政府の評議経過の一部始終を生駒から聞いた島村は、熟考の末に「開国」を生駒にすすめた。このことについて「豊倉記事」(六)は次のように記している。

「今度長州出先之者へ決答ニ開国ト申儀ハ島村志津摩之最後べ〔屁〕ニテ、生駒主税ニ談判為致候、同人宿陣下香春平井彦助方別荘ニテ被申聞候」

これによれば、「開国」を提言したのは「島村志津摩之最後べ(屁)」(窮余の一策)であり、島村が寓居していた下香春の平井彦助方の別荘にて、生駒主税に初めて心中を明かし、長州側へ申し入れるように諭したという。

このあと生駒は、島村の提言を藩政府に伝え同意をとった。

かくて小倉藩の態度は、決戦を避け「開国」と決定した。

そもそも「開国」とは、幕府から預かった小倉藩領六郡のすべてを放棄して他国に移住するということで、小倉藩にとっては、知行地をすべてなくすという極めて重大な意味が含まれていた。

それをあえて進言した島村の胸中は――。

戦って敗れるより、むしろ戦わずして、「開国」という大胆な戦略で勝負し、長州の出方をみたらどうか。すでに止戦の勅許が出て、公戦から「私戦化」している状況下で、もし長州が「開国」を受けたとなると、幕府をはじめ諸大名から、長州に領土的野心ありと非難され、小倉藩に対する同情論も含めて、人心は長州から離れ、孤立化していくに違いない。長州藩はおそらく「開国」の申し入れは受けない。その結果、人質問題を除いた交渉の条件で受けざるをえない。戦わずして、現状を打開するにはこの途《みち》しかない。

島村志津摩の大局観に立ったよみと賭は、ここにあったと考えられる。

藩政府も、これまで再三にわたって、幕府や肥後藩に使者を送り、協力依頼も含めて、小倉藩の苦悩を逐一報告しているだけに、島村の「開国」論は必ず幕府ならびに諸藩の理解を得られると期待した。

さて、この決定を受けて十二月二十一日の夜半、御近習番頭格上条八兵衛以下三名の使者が、大橋駐留の長州陣営に行き、藩議が「開国」に決定したことを告げた。

翌二十二日、早くも香春政府は、家中家族に次のような肥後への総退避を布告した。

御家中従類[21]之向不残肥後表江被差遣候、尤筑前小石原・大隈・飯塚三口いつれ之道通りニ而も便利ニ依而立退可申候、且又筑前より肥後迄之間御役人泊所旅籠人夫ニ至迄御世話被成下候間、混雑不致様見計出立可致候事
但肥後南之関江罷越候得は、落着所は御差図有之候事
（「豊倉記事」六）

小倉藩は一般に士格三千、その家族一万二千といわれているが、実際にこの時肥後に退避した従類は九千人といわれ、残りは国内に留まった。

これに伴い藩政府は、肥後細川藩に了解を求めるため、参政大池襲馬を早打で熊本に向かわせた。続いて退避通路にあたる筑前・筑後の各藩や幕府出先機関に、それぞれ使臣を差し向け、協力を依頼した。

また、「開国」決意の際、一応藩自体の立退き先として想定されていた天領日田については、

日田代官の了解を得ておく必要があるし、同時に長崎奉行に承認を求めておく必要があった。

そこで、長崎に松本恒助を急行させると共に、日田には久保半左衛門、熊谷弾介を派遣して理解を求めた。

当時、豊前から肥後までは、歩いて五泊六日を要していたといわれる。

慶応二年の暮れ、正月も間近いというのに、小倉藩の家中家族は慌しく旅支度をして肥後に旅立っていった。

厳冬のさ中だけに、その道中は難渋を極めた。幸いにも事前に協力を求めたこともあって、筑前・筑後の各藩は小倉藩に同情を寄せ、それぞれ役人を出して通過する家中家族を手厚くねぎらった。

十二月二十五日、香春政府は藩内の大庄屋を大橋に集めて開国の次第を告げ、従来藩のために尽くせる労をねぎらうと共に今後をいましめ、時節到来を待つべき旨を諭した。

二十六日には、香春に残る兵をことごとく退け、その政府を香春から添田に移した。

田川郡添田は国内としては最も筑前領に近く、藩自体、やがて豊前を棄てて他国に赴く前提であったと推定される。

再び家老に就任

この時期、島村志津摩一番手備は伊田・上赤の両村に退いていたが、島村だけは、下香春の庄屋平井彦助方の別荘にて休養していた。

一方、小倉藩から、

「近江守様下ノ関江難行相成候に付、無レ拠開国に決定仕候」

という「開国」通知を受けた奇兵隊参謀の時山直八、報国隊参謀の品川省吾は、事の重大性に愕然とした。

島村のよみのとおり、十二月二十二日、長州軍出先軍官は、小倉藩に再考を促すと共に、小倉側の申し出を下関の本営に通知した。

翌日、長州藩御直目付役《おんじきめつけやく》椙原治人《すきはらはると》は、君命を奉じて長州軍の陣営に来り、小倉藩に対して厳正なる談判には及び難き仔細あり、寛大の処置にすべきことを説諭した。

その真因について、のちに「門司新報」は次のように報じている（一部抜粋）。

毛利侯が態々《わざわざ》侍臣を派して長州勢先鋒に「寛大の処置に出づべし」と諭《さと》さしめた真因は詳でないが、察する処、毛利侯としては世子と共に蛤門事変の罪に問はれて、官位を剥奪されたまま未だ旧に復するの勅命を拝せず、君臣共に天朝の恩命を只管《ひたすら》念願し奉ると共に恭順の意を表さねばならぬ際で、しかも天朝からは疾《とつ》くに止戦の勅諚を発せられてゐたから、小倉藩に対して要求苛酷に失し、戦闘行為再開の意をほのめかすが如きは、天朝に対して憚り多き事であるといつた事から、この寛大な処置に至つたのではあるまいか。

十二月二十七日、長州陣営より、生駒主税、三浦治右衛門へ、香春にて応接致したき旨連絡があった。早速両人は添田村より罷り越し、同日夕刻、長藩士萩原鹿之助、漂流坊海月（時山直八）、井上弥吉ら六人と面談した。当日の会談の内容が「豊倉記事」（六）に記述されているので大要を紹介したい。

「近江守様の出向の件で、よんどころなく、交渉は破談になり開国の決議をされたとか、ご家族・老少のことを思うと、お気毒で見るに忍びません。今しばらく開国を思い止り、田川に留まられては如何ですか。ご返答次第では、藩主に状況を申し上げ打開にむけて力を尽くしたい。ついては、近江守様ならびに御当家老中の御書付を戴ければ、先鋒兵士の鎮撫はもとより、山口政府に理解を求めるのによろしいのではないかと思います。しかし、書付の件は無理には申しません」

応対した生駒・三浦にとって、長州側のこの「ことば」は、まさに青天の霹靂《へきれき》であった。もとより両人共、この申し入れに異存はなく、その配慮に対し深く感謝の意を表し、後刻返答を致したい、ということで添田に引きとった。

島村のよみと賭は的中し、小倉藩は当面、危機を脱した。

止戦交渉が、藩上層部の段階で新しい動きを迎えている時、かねてから屈辱的講和に反対する小倉藩少壮集団の動きは、いよいよ険悪化し、交渉の前途は楽観を許さない状況になってきた。

形勢を憂慮した藩主後見職小笠原近江守は、十二月二十八日、下香春に休息中の島村志津摩を急ぎ召し出し、事態の収拾を図るべく、家老職に就任方を懇請した。

島村は固く辞退したが聞き入れられず、ここに至って、再び家老として多難な藩行政の矢面《やおもて》に立つことになった。

この日、小笠原近江守は、二十七日の長州軍との談合で、生駒・三浦の使者が持ち帰った御書付の取り扱いについて、藩首脳部と協議した結果、小倉藩の将来を考え、長州藩に和を求めるため次の誓書を書いた。

今般天幕之御差図を以、不得止事、此度之時躰ニ及ひ、婦女子・農民塗炭之苦ミ不忍見、国歩艱難社稷《しやしよく》危亡之地ニ至殆致当惑、固隣国親睦を結ひ候は古今之通義、況今日之高義於有之は、此末条理不相立義は、幾重ニも致諫争、出兵不致覚悟在罷候
十二月廿八日

小笠原近江守

今般主人天幕之命を以、不得止事処より今日之形勢ニ及ひ、万民塗炭之苦ミ救助方殆及困窮、畢竟見込相違ヒ致悔悟候、依之此末条理不相立儀は、幾重ニも致諫争、出兵不致覚悟罷在候

十二月廿八日　　連　名

毛利筑前様
毛利能登様
毛利靭負様

（「豊倉記事」六）

十二月二十九日、生駒主税、塚田多門、三浦治右衛門は香春の長藩士の宿所に出向き、漂流坊海月、南小四郎、品川省吾（品川弥二郎）に応接、誓書を提出、今回の長州側の好意を謝し、講和の締結が一日も早くできるよう本藩への力添えを懇願した。

主戦派の動き

明けて慶応三（一八六七）年正月元旦、長州側の理不尽な要望に不満を持ち続けていた主戦

赤心隊が参集して誓盟を上表した仲津郡・生立八幡神社（京都郡犀川町）と「赤心隊旗」（竹下盛治氏蔵）

派の数十名は、藩議が「開国」に決まったと聞き、戦わずして自ら亡ぶのか、何の面目あって他領に行くのかと悲憤慷慨、徹底抗戦を主張し、一は仲津郡の生立八幡神社（京都郡犀川町）に、一は田川郡白土村（大任町）・今任村（同前）に集まって「赤心隊」を結成した。

そして、すべからく和議を中止し総力を結集して失地の回復を図るべしと、前者は神前にて生血をすすり、誓盟上表、生死を誓い合い、同志の名前を重役原主殿に差し出した。首領は御先手物頭牧野弥次左衛門（建野郷三）、大目付志津野織右衛門（志津野拙三）、寄合保高直衛である。

赤心隊の強硬な動きを知った添田政府は、驚いて監察大堀一などを急ぎ生立八幡神社に派遣し、決起をやめるよう説得にかかった。当初は意志の固かった隊士たちも、「開国」に深く関わった島村志津摩の動きと、藩政府の「開国」に至るまでの苦心を聞く中で次第に和らぎ、決起を思い留まった。

特に、赤心隊の首領の一人でもある牧野弥次左衛門をはじめ、隊士の中には島村と共に企救平野で死力を尽くして戦った兵士も多かっただけに、家老として藩政府に復帰した島村の存在は彼らに大きな影響を与えたと思われる。

結果的には、長州藩との止戦談判に、赤心隊の代表として保高直衛を参加させることで、赤心両隊の同意を取りつけて落ち着いた。

一月八日、添田政府は、今後の藩の身の振り方について幕府に直々指図を請うため、小笠原織衛、小笠原若狭らを登京させた。一行は二条城にて、大監察永井玄蕃頭《げんばのかみ》（永井尚志）、老中板倉伊賀守らに面会した。そして今回、「開国」を決意するに至った藩の事情とその後の経過について報告し、指図を請うた。だが、閣老らは、小倉藩の置かれている立場には同情したが、後刻返事をするということで、具体的には何らの示唆も与えなかった。

第四章

戦後処理

香春藩庁跡（田川郡香春町）

長州藩との和議

慶応三（一八六七）年一月十日、長州藩の使者、南小四郎・井上弥吉の両人が香春を訪れ、添田政府の生駒主税、三浦治右衛門と会談した。

その要旨は、「今回、主君御父子が貴藩の国情を聞かれて大変心配され、改めて山口政府の重役を差し向けて、止戦談判を開きたいという仰せであるから、貴藩においてもその意を了し、今一度御重役を馬関までお差し向け願いたい」とのことだった。

三浦は即刻、添田に帰り、家中主だったところで評議の結果、重役の渡関は差し控え、これまで交渉に関わってきた、藩参政の生駒主税を首班とする使節を差し立てようと決した。

選ばれた使節は、正使生駒主税、副使保高直衛、随員三浦治右衛門・松室弥次兵衛の四名で、一行は一月十二日、添田を出発、沓尾経由で十六日、馬関に着いた。使節一行に対する長州側の歓迎は異例で、唐戸まで南小四郎、小笠原美濃助、井上弥吉らが出迎え、途中警衛にも随分気を遣う丁重さであった。

使節四名は早速、同地の林算九郎方にて、軍目付の野村右仲、国貞直人、藤井七郎左衛門と会し、予備交渉を行った。この席で長州側は、これまで主張していた人質問題には全く触れず、

止戦協定が結ばれた小郡茶亭跡(山口県吉敷郡小郡町)

要求として、主君毛利父子の冤罪《えんざい》がはれるまで企救郡一郡のみを預かりたい、という譲歩案を出した。

勿論、生駒らに異存はなく、長州側の好意と尽力に感謝しつつ、同二十二日、周防国小郡に赴き、茶亭[22]において、山口政府の重役広沢兵助、小田村素太《もとた》郎《ろう》と会談、双方左の覚書を取り交わして、止戦協定を結んだ。

覚

小倉有司ノ書

一今般御懇親御取結之上ハ、幕府ヲ始諸藩ヨリ軍馬啓行候様ノ状情相聞候得ハ、早速可申述候

一此後自然、天幕之命ヲ以テ諸家ノ出兵領内へ進入之節、強テ難相断次第モ有之候得者、可申述候

一企救郡一円御国情、天幕へ致貫徹候期迄御頂ケ可申置候

一従類ノ向他邦へ遣シ置候儀、畢竟困迫ノ至ヨリ不得止事取計ニ候得共、今日之御高義承

候上ハ、家宅取建出来次第自国ヘ為引取安堵為致度、勿論砲台等営築等之儀其節御相談
可申述候
丁卯正月
生駒主税
保高直衛
三浦治右衛門
松室弥次兵衛

兵助・素太郎小倉ノ臣ニ答ル書
一御懇親御取結ノ上ハ、万一此後昨夏行掛ヲ以テ幕府ヨリ又々軍勢差向候共、急度被及御諫争ニ御出兵有之間敷トノ御事致承知候、但御領内ハ勿論、御領外ニテモ出兵之儀被相達候辺御聞及之節ハ、早々御通達被成下候事
一不条理ノ出兵不被致ト御一決之上ハ、自然諸家ヨリ出兵有之候共、容易ニ御領内ヘ御引受被成下間敷有之度事
一主人父子冤罪相霽レ候折迄ハ、昨夏防戦行成ヲ以企救郡一円御預リ置可申事
一京都郡内稗田村ニテ家宅御取建御家族御引戻有之度トノ御事致承知候
但家宅御取建ハ有之候共、砲台等築造ノ儀ハ御用捨被成下候事

丁卯正月

広沢　兵助
小田村素太郎
（『毛利家乗』）

かくて和議は成立し、生駒たち使節一行が添田に帰着したのは一月二十八日であった。幕末動乱期、幕府の譜代藩として天幕の指示を一途に奉戴し、隣藩長州と相対立、最後は私戦と化した長州藩との確執も、漸くここに和解をみることができた。

第二次征長戦で小倉に進攻した長州軍の指揮官山県有朋は、『懐旧記事』（四）で小倉藩のことを次のように述懐している。

抑々小倉は幕府の譜代にして其版図大なるに非ずと雖も、九州咽喉の地に位し防長征伐の事あるに及びて、幕府の頗る重を托せる所なり。然るに太平の久き武備充実せざるを以て連戦我兵の為に敗られて、終に和を乞ふに至りしと雖も、其忠節を幕府に尽すに至りては、当時只一の小倉もあるのみ。其城塁は已に焚燬《ふんき》せられ其領地は侵害せられたるも、尚死力を竭《けつ》して累世の幕恩に酬い、勢尽き計窮《けいきゅう》して以て此《ここ》に至れること、実に義を重んずるの挙動なりと謂ふべし。他日徳川幕府の為に其史を修《おさ》むる者あらば、是を大書特書して可なり。

和解の吉報は各地に知らされた。熊本にいる貞順院と幼君豊千代丸のもとには、島村志津摩と清水勘解由、従者として原治兵衛が、即日早馬にて出発した。志津摩たち一行は、小石原経由で日田に出て、代官窪田治郎右衛門に止戦を通知し、同地に滞在中の家老原主殿と共に、御目付榎本亨蔵へ罷り越し、左記のような歎願書を差し出した。

先般止戦談判仕候処、重大之難題申募、御止戦之御趣意御座候間、不得止事開国之決議仕候処、田川郡江暫相止リ呉候様談判有之、其末於小郡生駒主税・保高直衛・三浦治右衛門・松室弥次兵衛、長藩小田村素太郎・広沢兵助面会之上、大膳父子身霽候迄当分之内企救郡丈《だ》ケ預リ度段申聞候付、任其意置候、付而は日田地屯集之人数引上、領内江屯集可仕筈之処、是迄長人言語不同之情態も不少、右談判相満候得共、未タ情実も如何哉ニ奉存候、自然企救郡近辺江人数差置出先之者彼我相互ニ粗暴之義有之、止戦破談之端を醸し候も難計候、依之得と情態相分リ候迄御警衛旁御場所拝借仕、人数其儘差置申度奉歎願候、以上

　　　　小笠原左京大夫家老
二月
　　　　　島村志津摩

原　主殿
（「豊倉記事」七）

その後、島村たち一行は、杖立川に沿って阿蘇盆地から熊本に入り、二月六日、豊千代丸と貞順院に拝謁、講和成立の次第を報告した。

「御内証日記」には、

二月六日
一、御奥様・若殿様、嶋村志津摩・清水勘解由に御逢有之
右御用方ニ付今日着、尤日田通之事
二月九日
一、　　　　　　　　　　　　　　　　嶋村　志津摩
　　　　　　　　　　　　　　　　　　小笠原　出雲
右今日御奥様思召を以於御奥御酒被下
但志津摩には御手許より御手品被下有之、御守役より相達候
一、　　　　　　　　　　　　　　　　清水　勘解由

春日　又兵衛
高田万歳之介

右志津摩殿江御酒被下有之候時、何れも被召出御酒被下候事

とあり、豊千代丸ならびに貞順院の志津摩に対する感謝の気持ちがよく表れている。

ちなみに、小笠原出雲は熊本における御付家老であり、春日又兵衛は幼君が滞在されている熊本城の外郭《がいかく》・坪井御殿(23)の御用人であった。

一方、京都への通知には保高直衛が当たり、二十九日、沓尾から乗船、海路大坂に向かった。また、家中の肥後退避にあたって世話になった中津・杵築・秋月・久留米・柳川などの各藩にも、それぞれ使者を立て、挨拶に赴いた。

これより先、二月に入って藩は、機構改革を行うと共に対長州戦の論功行賞を行った。止戦交渉で尽力した生駒主税をはじめ、山田平右衛門、二木求馬、大塚八郎兵衛、田中孫兵衛や、金辺峠口の戦いで奮戦した門田栄などにそれぞれ加増または要職が与えられた。中でも島村志津摩には、三月十三日、次の通知が肥後表より届いた。

三月七日

島村志津摩

昨年田野浦御繰出以後度々遂苦戦、別而金辺峠警衛中数ケ度之戦功指揮宜防禦行届、尚又其後引続不一方心労相勤候段、委細達御聴御満足思召候、依之此度出格之思召を以千石御加増被仰付、別段御差御刀拝領被仰付候段被仰出之候

右之通申渡候処、御加増之千石・御刀共御断申上候、内存之趣無余義次第ニ付被遊御聴通候、尤御刀は押而拝領被仰付候段被仰出之候旨申渡候

（「慶応三卯年小倉追書」）

要は、島村が丙寅国難に際し、身を捨てて藩のために尽くし、その功績抜群につき、千石の加増と佩刀《はいとう》一口を与える、という通達である。

このことに関して『豊前人物志』（山崎有信著）は次のように記している。

「志津摩固辞して加祿を受けず、僅に刀を受く、闔藩の士、志津摩の清廉にして忠志を歎賞す」

島村にしてみれば、企救郡をなくし、その上、戦後の窮迫した藩財政の中で、自分のみ加祿を受けることは忍びない、という気持ちが強く働いたものと思われる。

三月十一日、添田にあった仮政府を、香春お茶屋に設置することを藩内に布告。同十八日、正式に香春藩として発足させ、諸役所御取建につき仮御殿と称した。

三月二十四日、肥後退避の家中従類に帰国の触れを出し、藩士たちを香春周辺に集め、早速戦後処理に着手した。

しかし、長い戦乱によって受けた傷跡は大きく、特に「開国」による家中従類の肥後への退避など、その出費は莫大で、藩の財政は極度に悪化していた。

その上、企救郡の長州預かりで、藩首脳も苦痛の連続だった。そのため藩政府は、高禄藩士の知行を減らし、一般藩士についても一時的に、一日米五合の扶持を四合に切り下げ、耐乏生活を強いた。

また一方では、幕府に対し、天領の日田米五千俵の下付請願をした。幸いこれは老中板倉伊賀守の計らいで五月十三日に認可された。

その他、大坂の富豪たちに金千四百両の献金を申し付けたり、領内の万屋助九郎、柏木勘八郎その他の富豪に二万両の寄金をさせるなど、どうにかその場を凌いでいった。

この時期「慶応三卯年小倉追書」は、島村の家老職辞退について触れている。島村の一身上の問題なので、原文をあげて考察してみたい。

島村志津摩

先達而御家老職帰役被仰付候処、依内存御辞退申出候趣、委細御奥様・越中守様江申上候処、無余義次第思召候得共、当御時勢ニ付、此度押而被仰付候段被仰出之候右之通旧臘廿八日申渡候処、壱番手御備引受候付内存申出出願不致候、然ル処此度一同解兵被仰付、仮御殿御取建ニ付三月廿日より出勤致し候
右之通為心得申入候、以上

四月三日

小笠原甲斐
小笠原内匠

宇佐見新殿

この手紙は、国元の家老小笠原甲斐と小笠原内匠の両名が、当時の江戸留守居であった宇佐見新に申し入れたものである。これから察するに、人一倍責任感の強い志津摩が、長州戦に引き続いて、戦後の処理などで心労が重なって体調をこわし、家老職として復帰することがふさわしくないと判断して辞退を申し込んできたが、貞順院などの強い要請もあって、昨年十二月二十八日に辞退を取り消し、三月二十日より出勤することになった、という内容のものである。企救平野での長期野戦がたたって、島村も一時期かなり健康を害していたようである。

ところで、肥後から帰った島村は、小倉藩の窮迫した現状を幕府に理解してもらうべく、四月十七日、沓尾港より登京、二条城にて老中板倉勝静、松平康直らに面談し、小倉城自焼後から今日に至るまでの経過と小倉藩の苦悩を詳細に述べ、速やかに周防毛利侯の罪科を許され小

笠原本領安堵の御墨付を下されるよう、幾重にも懇願した。

孤立無援の中で、徳川譜代としての意地にかけて戦ってきたその実績を知っているだけに、理を尽くしての島村の誠意は認められ、本領十五万石は従前どおりあてがわれるとの御墨付を賜った。

島村が京都表での大役を済ませ、香春に帰着したのは六月二十八日のことであった。

小宮民部の失脚

慶応三年五月十四日、中老職小宮民部に突然、「政事筋不取計」の廉《かど》によって「隠居謹慎」の沙汰書がもたらされた。

慶応三年五月十四日

小宮　民部

一、其方義、先般中殿様御不例ニ付而は、御政事筋不取計之義有之候付、屹度可被仰付之処、従来勤功も有之、且又重キ御法会御執行之砌《みぎり》ニ付、格別之以御慈悲隠居被仰付候、相謹可罷在候

（「慶応三卯年小倉追書」）

そして三日後、その一子松之助（五歳）に対しても次のような沙汰書が出された。

小児　小宮松之助
名代　福原　多門

民部家督被下置、知行千石、格式中老、渋田見新次席被仰付候
但知行之内弐百七拾石相減候事

五月十七日

（同前）

民部に対する沙汰書の中の「御法会」とは、この時、田川郡金田村の碧巌寺で六代藩主忠固公の二十五回忌が営まれていたことを指しているものと思われる。

なお、民部の跡は、知行千石をそのまま一子松之助に給して小宮家を存続させた。このように今回の処分は極めて軽微なものであった。

ところで、形式的とはいえ、なぜこの時期に小宮に対して隠居謹慎の沙汰が出されたのだろうか。

一つには、藩士たちが香春に移ってからの生活の苦しさが、小倉時代の追慕となり、小倉城自焼の責任を追及する家中の声を藩政府が抑えきれなかったこと、二つには、譜代藩として、

あくまで幕府に殉じていこうとする民部の姿勢が、長州との講和成立後、朝廷寄りの政策に転換しようとしていた藩の動きと相容れなかったこと、などが考えられる。

いずれにしても、小笠原藩信州以来の名門といわれ、代々家禄六百七拾石、十四老職の一門として敏腕を振ってきた小宮民部も、ここに至って失脚し、再び表舞台に出ることはなかった。

豊千代丸の遺領相続

慶応三年六月一日、小倉藩は九代藩主忠幹の署名で、幼君豊千代丸の家督相続願いを左記のように幕府に提出した。

御家督御願書

高拾五万石　豊前小倉城主

小笠原左京大夫

当卯　四拾一歳

嫡子　小笠原豊千代丸

当卯　六歳

私議〔ママ〕中症急発猶又旧臘被冒寒気候付、種々療養仕候得共不相勝、近日食量相減次第疲労相増段々危重快気可仕躰無之御座候、相果候ば嫡子豊千代丸江家督無相違被下置候様奉願候

慶応三丁卯年六月朔日

小笠原左京大夫忠幹

板倉伊賀守様
井上河内守様
稲葉美濃守様
松平周防守様
小笠原壱岐守様

遺領相続願いを提出した翌六月二日、「第九代藩主忠幹公、本日卯の刻（早朝六時）に御逝去された」との触れ出しがなされた。

実は藩主忠幹公は、すでに慶応元年九月六日、小倉城内で病死していたが、当時、長州との関係が緊迫化していたため、他界のことは伏せ、表向きは田川郡上野村（赤池町）の興国寺にて病気療養中ということになっていた。

したがって、忠幹署名のこの願書は、いわば形式的なものであったが、藩士一同にとっては待ち望んでいたものであった。講和条約も締結されたため、改めてここに九代藩主忠幹公の死去が公式に発表されたということである。

六月十三日、忠幹公死去の発表に伴い、長州藩主毛利敬親公は、かつて止戦条約で活躍した野村右仲を御見舞使者として、左の口上書に進物を添えて派遣した。

口上書写

左京大夫様御病気之処、御保養無御叶御卒去之段被致承知御愁傷之程被致御察候、右御悔使者を以得御意候

御朦中御障之儀は無之哉承度被存候、右為御見廻〔舞〕目録之通以使者被致進覧候

蕨織　一捲

（「慶応三卯年小倉追書」）

時の流れとはいえ、長州との関係が随分好転してきたことが分かる。

遺領相続は六月二十五日付で幕府に認可され、六歳の幼君は、滞在地の熊本坪井御殿において、五月二十一日、改名した忠忱の名をもって、小笠原家第十代の家督を継いだ。

「御内証日記」は、豊千代丸の家督相続について次のように記している。

第十代小倉藩主となった小笠原忠忱（宇都宮泰長氏提供）

七月二十四日
一、殿様先月二十五日於京都表御用召ニ付、為御名代小堀数馬様御老中板倉伊賀守様御宅江被成御出候処、御遺領無相違被為蒙仰之候事

他郷の地とはいえ、小倉藩にとっては久方ぶりの慶事として、一同、安堵と喜びの中で祝いの儀式が行われたことが「御内証日記」から窺える。

ただし藩主忠忱の香春藩への帰国は、明年三月に予定され、それまで分家の千束藩主小笠原貞正が忠忱の後見人となり、藩政を督した。

忠忱が家督を継いで間もなく、忠幹公の葬儀が七月八日、田川郡金田村の碧巌寺にて盛大に執り行われた。

こうして小倉藩の戦後処理は、窮乏の中にも滞ることなく、着実に整えられていった。しかし、この間、中央の政局は大きな転換を見せ始めていた。

大政奉還と小倉藩の苦悩

第二次征長戦の失敗で幕府の権威は大きく失墜し、これを機会に、かねてから徳川政権に見切りをつけていた薩長二藩は、討幕の「密勅」[24]を得ようと奔走した。

そうした武力討幕の気運が高まる中で、慶応三年十月十四日、将軍徳川慶喜は、討幕派の機先を制して、大政奉還を朝廷に上表し受理された。

これは、一旦政権を朝廷に返し、朝廷のもとに徳川氏を含む諸侯会議による連合政権をつくるという構想で、これによって討幕派の攻勢をそらし、同時に徳川氏の主導権を維持しようとするねらいがあった。

ところが、奇しくもこの日、薩長両藩主に討幕の「密勅」が下った。前日十三日には、長州藩主父子への官位復旧の「御沙汰書」も出され、政局は一挙に天皇政権へ向かって動き始めた。

朝廷は、慶喜の大政返上の真意もあって、列藩の衆議によって今後の政策を定めるべく、十万石以上の諸大名に対し、十一月までに京都に参集するよう勅を下した。しかし諸大名は、あまりにも大きな変革に戸惑いを感じ、幕府への遠慮や長州・薩摩への思惑もあって、容易に動こうとはしなかった。

このような重大時局に、これまできびしい藩政を担って尽力していた島村志津摩が、再度家老職辞退を歎願した。

「慶応三卯年小倉追書」によると次のとおりである。

島村志津摩

十一月十五日

歎願之趣無余義次第ニ付、此度御家老職被成御免以思召、御家老上席軍事引受被仰付候段被仰出之候

右　同人

一、於席外左之通申渡之

此度軍事引受被仰付候付而は、練兵之余暇は御殿江致出勤御政事筋申談候様御沙汰ニ候

右之通申渡候処、席並之義内存之趣申出候付、無余儀義ニは候得共、肥後表へ相伺候迄御受申出候様申聞候処、当分之内御請申上候段申出之候

右之通為心得申述候、以上

十一月十九日

小笠原出雲

小笠原甲斐

要約すれば、島村の再度の家老職辞退の願いが、この期に及んでやっと叶えられたこと、ただ、これまでの実績もあり、「御家老上席」格付けの軍事担当を仰せつけられたこと、そして、練兵の暇をみて藩庁に出仕し、政事筋の相談にのるよう沙汰されていることなどが分かる。ただし、正式には肥後に滞在中の殿様にお伺いしてからのことで、それまでは従前どおり家老職を続けるように、との意味のようである。

それにしても、島村ほどの人物が再度辞職願いを出すとは、よほどの理由があったに違いない。多分これまでの経過からみて、健康上の問題が主たる理由だったと思われる。

さて、再び話を中央政局に戻そう。先の朝廷からの諸大名に対する京都参集の召喚状は、小倉藩にも発せられたが、小倉藩は藩主幼少を理由に上京を断った。結局、十一月中に京都に集まったのは、大藩では薩摩・越前・尾張・芸州・彦根藩主らであり、その他京都周辺の小藩など十数藩にすぎなかった。

事態が進展しないのに苛立《いらだ》った薩長二藩は、先に下った討幕の「密勅」を根拠に、武力による変革をめざして藩兵の出兵を促した。

かくて十二月十日前後には、薩摩・長州・芸州など六千の藩兵が京都に集結した。一方、前将軍慶喜の身を案じる幕兵五千・会津三千・桑名千五百の藩兵は二条城に待機、両者は互いににらみ合った。

そして十二月二十五日、江戸市中警備の庄内藩兵らが三田の薩摩藩邸を焼き打ちしたことに端を発し、結果的には、鳥羽・伏見の戦いへと発展していった。

戦いは、わずか四日間で幕府軍が惨敗し、慶応四年一月六日、慶喜は夜陰に乗じて大坂城を脱出、海路江戸に向かった。

一月七日、朝廷は慶喜追討令を発すると共に、在京諸大名に対し協力要請を行った。近畿以西の諸藩は、ようやく腰をあげた。譜代藩として、終始佐幕的態度をとってきた小倉藩も、錦旗を奉じた朝廷軍の前に、政治姿勢を変えざるをえなかった。もはや大義名分より、いかにして自藩を存続させるかが優先したのである。

一月十日、小倉藩に対し参与役所[25]より呼び出しがあり、当時藩の代表として滞京していた家老小笠原内匠に口達がなされた。これについて、「明治元辰年日記書抜」（友石孝之「小笠原藩の奥羽出兵」〔「美夜古文化」一九〕による）には次のように記されている。

一、正月十日

今巳刻小笠原内匠殿参与御役所より御呼出に付、二木武兵衛差添罷出候処、参与万里小

路右大弁宰相様・久我中納言様より御口達にて左之通被仰渡候
「今般御下問之義有之被召候得共、今日之至形勢候間、大号令御趣意相心得、国力相応
之人数可差出候事」

この日、参与役所に出頭した家老小笠原内匠は、この朝廷からの出兵の要請に対し、藩主に代わって一応受諾の意を伝え、豊千代丸に申し伝えるため、左記の届け出を出し、急ぎ帰国の途についた。

今般御下問之義有之被召候得共、今日之至形勢候間、大号令御趣意相心得、国力相応人数
可差出旨御沙汰之趣奉畏候
右に付、私儀不取敢在所表江罷帰り、豊千代丸に申聞、早々人数差出候様可仕候、此段申
上候
以上

正月十一日
小笠原豊千代丸家老
小笠原内匠

参与御役所

香春に帰国した小笠原内匠は、早速、島村志津摩、小笠原甲斐、原主殿、小笠原出雲ら藩首脳と協議をした。

出兵要請については賛否両論があり、大いに議論された。なにしろ数年にわたる長州戦で国土は荒れ、産業は衰微し、ようやくその回復に努めてきた矢先だけに、多額の軍費を必要とする派兵要請に応えうるか否かが議論の焦点になった。

最終的には、軍事の最高責任者であり、家老上席格付でもある島村志津摩が出兵を決断、後見職小笠原近江守の決裁で派兵することに決まった。それは、如何に無理をしても勤王の証《あかし》を立て、時勢から取り残されまいとする苦渋の選択であった。

小倉藩の出兵

小倉藩の派兵は三度にわたって行われた。これに用いた船団はすべて藩の船で、領内の仲津郡沓尾浦（行橋市沓尾）から輸送した。

第一回目は二月九日、沓尾出帆で、外様番頭平井小左衛門を総括とする、

隊長　六人
銃隊　百十人

その他人夫ら　六十人余
第二回目は二月十七日、沓尾出帆で、
隊長　　二人
銃隊　九十人

小倉藩兵が出帆した沓尾港。右手一帯の石垣付近が旧番所，船着場があった所（行橋市沓尾）

第三回目は二月二十一日、沓尾出帆で、島村志津摩が一軍を統率し、藩主豊千代丸の名代として、
隊長　　六人
銃隊　二百人
を率いて上京した。

かくて三度にわたる小倉藩の出兵は、戦士四百人、隊長十四人であった。いずれも銃隊で編成された兵だけに、丙寅の役以後、窮乏の中にも軍備には力を入れてきた香春政府の努力が窺える。

こうして朝廷の命を受けて上京した小倉藩兵だが、軍事的役割は与えられず、待機の形で京・大坂に滞在した。その滞在費は、公務に就かない限り藩自体が負担しなければならず、

奥羽遠征軍の先発として出陣した
平井小左衛門（平井静子氏提供）

経済的不安は増した。そこで藩は、兵を送ると共に、一方では次のような嘆願書を政府に提出した。

一、三月十五日
参与御役所江左之通り入江宗記持参、官掌
生駒右京引受候
先達中より追々御届申上置候通り、豊千代丸人数着揃相成候処、当御形勢其儘差置候も不本意之至に奉存候、何卒相応之御用筋早々被仰付下置度奉願候、已上
小笠原豊千代丸留守居
入江　宗記

出動の小倉藩兵に早く御用筋を命じてほしい、という嘆願であった。
それが効いたのか、四日後の三月十九日、弁事局より左の沙汰書が出された。

関東先鋒之官軍既及戦争、賊徒敗走之趣に候得共、此先二ノ手援兵申来候はば、早々人数

繰出候様可有支度旨御沙汰候事

（『鎌田英三郎戊辰日記』）

天皇の行在所となった大阪・西本願寺（明治5年5月撮影（〔社〕霞会館資料展示委員会提供）

やがて、その動員規模についての内示もあり、ここに関東二ノ手援兵として、百二十名の兵が加えられた。小倉藩の銃隊として鍛えられた平井小左衛門隊の出動である。

この隊には、三月二十五日、正式に軍防局より出動の命令が下り、菊御紋大隊旗一本、官軍を示す錦の肩印百三十七枚、関所通過の御印鑑一枚が下付され、三月二十六日、京都を出立、江戸へ向かった。

時を同じくして三月二十一日、明治天皇は、先に出された討幕令の実を表す意味もあって、大坂に出御され、西本願寺を行在所《あんざいしょ》に選ばれた。これに伴い、在京諸藩の兵と共に、小倉藩兵にも「行在所御門外東南角柵門」の警衛の命が下された。派遣人員は百八十人。天皇の滞在される御門警備という極めて重要な任務だけに、藩主名代として滞京中の島村志津摩が自ら大坂に下り、直接藩兵の指揮にあたった。

天皇は、同地に留まること四十余日間。その間、海陸軍の御親閲、英国公使の御引見、住吉社への戦勝祈願などをされ、四月七日、再び皇居に還幸された。

小倉藩兵も、その任務を終えると、畿内、関門守備として、約五十人の藩兵を残し、他は島村志津摩が引率、閏《うるう》四月二十二日に国元香春に帰着した。

一方、関東二ノ手援兵として江戸に向かった平井小左衛門隊は、江戸到着後間もなく、奥羽列藩同盟の成立で孤立した九条道孝総督の奥羽鎮撫使を救援するため、佐賀藩兵と共に奥羽戦線に出陣した。

平井隊の監察として従軍した鎌田英三郎の『戊辰日記』によれば、その行程は遠く、仙台、盛岡、角館、秋田、横手、新庄に及び、戦野にあること六カ月、常に政府軍の先鋒として果敢な戦いをなしている。

これとは別に、七月に入って越後口の攻防戦が膠着状態になるに及んで、政府より改めて小倉藩に出兵の要請が出た。これを受けて藩は、八月十七日、かつて丙寅の役で五番隊の隊長であった小笠原若狭《わかさ》を備頭に、三百二十人の兵士を沓尾浦から出帆させ、米沢口から会津に進攻させた。

さらに十月二日には秋田出兵を要請され、渋田見縫殿助《しぶたみぬいどのすけ》を備頭に、生駒九一郎を副将とする三百五十六人の兵士が門司から出帆、越後総督下に編入された。

ともあれ、幕末、強力な長州軍と死力を尽くして戦った実戦歴を持つ小倉藩兵だけに、派兵要請も多く、奥羽越戦線において、山県狂介の率いる奇兵隊、長府報国隊と共に、期待に応えて勇敢にその任務を遂行した。

しかしながら、延べ千人、当時の小倉藩常備兵力の半数近くの派兵に伴う戦費の負担は、それでなくても窮乏化していた藩の台所を直撃した。正に経済的には火の車だった。

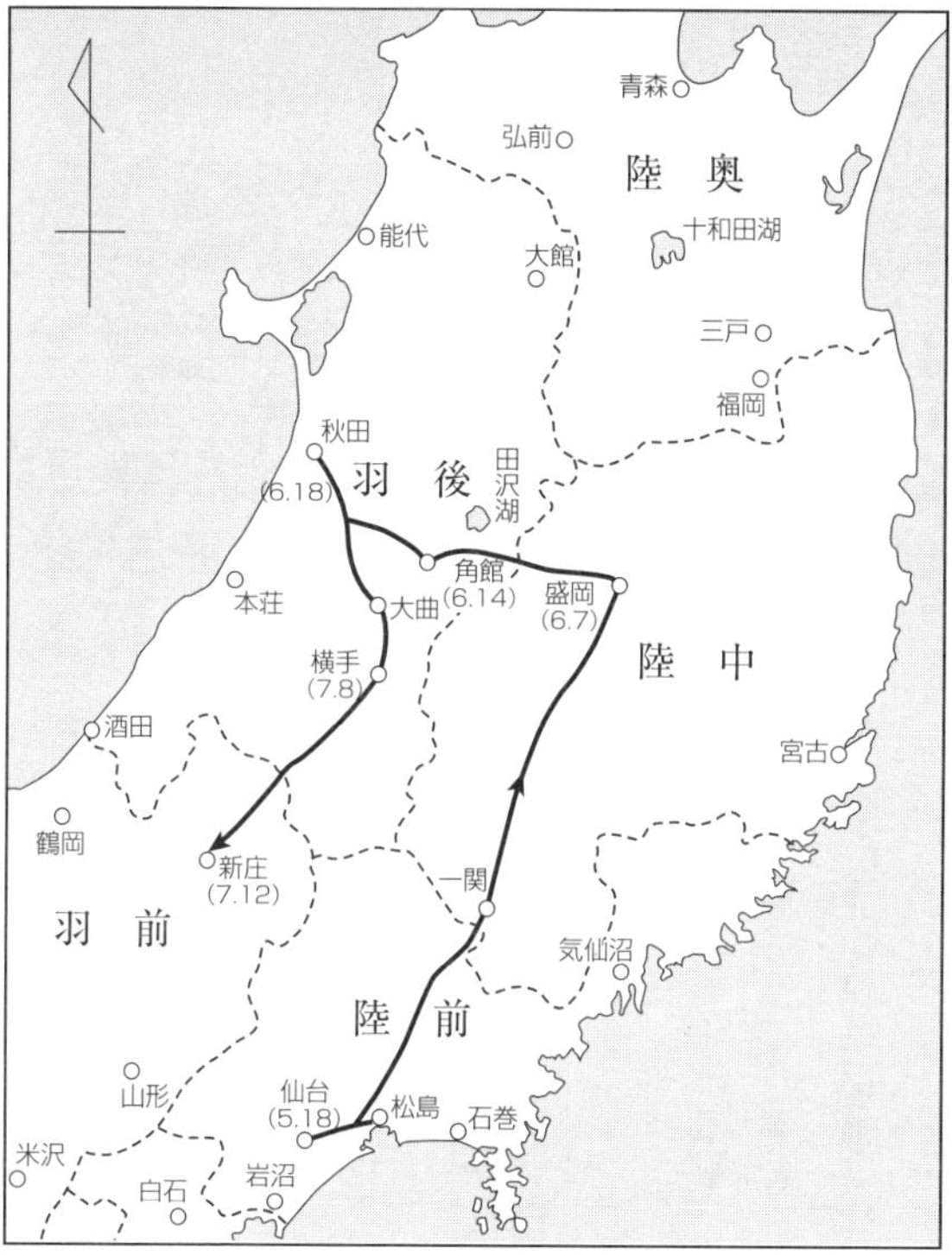

戊辰戦争の際の奥羽遠征軍平井隊の進路
(『鎌田英三郎戊辰日記』掲載図より作成)

このため藩では、財政的緊急措置を講じた。まず中老職以上は禄高に関係なく禄を五百石までとし、馬廻役は二百石で頭打ち、近習番と組付はすべて十五石四人扶持、足軽は七石二人扶持として、切り捨てた知行切米高をもって出兵の軍資金にした。

それでもなお不足し、六月には

十五万両の拝借を新政府に嘆願した。これに対して、ようやく七月三日に壱万八千両、九月七日に壱万両、十二月九日に弐万両、合計四万八千両の金子を政府から借り受けることができた。

「小笠原藩日誌」によれば、奥州遠征軍が無事香春に帰還したのは、小笠原若狭隊が明治元（一八六八）年十一月、平井小左衛門隊が明治二年一月八日、渋田見縫殿助隊が同年三月十三日であった。

思うに、今回の奥羽遠征は、小倉藩にとって勤皇の証を充分に示すことができ、島村など藩首脳が苦悩していたことに応えうる結果となったが、その代償として、きびしい財政運営を強いられ、貴重な人材を失うことにもなった。

特に明治元年八月の庄内口追討戦で、平井隊の第一線指揮官として活躍していた志津野源之丞、葉山平右衛門の二人を失くしたことは、再建途上の小倉藩にとって大きな痛手であった。志津野も葉山も、少壮士官として部下将兵に信頼され、その将来を期待されていただけに、その死は後世まで惜しまれた。

ちなみに葉山平右衛門は、過ぐる慶応三年、長州との止戦談判に抗議して徹底抗戦を叫んだ赤心隊の隊士でもあり、島村が部下として最も期待していた一人でもあった。

明治二年六月、新政府は東北出兵の各藩への論功行賞を行った。小倉藩にも同月十八日、行政官より、奥羽出兵の功により小笠原忠忱に永世五千石の賞典米を下賜した。

藩主帰国

慶応四年三月七日、小笠原第十代藩主忠忱は、それまで滞在していた熊本坪井御殿を出立、三月十二日、田川郡上赤村の正福寺仮御殿に入った。

小笠原忠忱が帰国後滞在した正福寺の遠景（田川郡赤村）

当時の住僧伊藤神嶺氏の記録するところによると、

慶応四戊辰歳、君公肥後ヨリ拙寺へ御入リ、寺族ハ仲通リ中川与九郎宅ニ転居住、夫レヨリ豊津城御落成ニ相成リシニ依リ同地ニ御引越、御滞在ノ時ハ君公ハ御殿ニ、旧本堂ニハ上士相詰メ、旧本堂左上段ノ地ノ家ニハ中士相詰メ、庫裡ハ事務所、庫裡左下段ノ家ニハ下士相詰メ、本堂館間ニハ御納戸役相詰メ相成居候

とある。

ついで約一カ月後の四月十九日、貞順院一行が金田村の大庄屋

貞順院が滞在した六角家の外壁（田川郡金田町）

金田源吉郎（六角家）宅の御殿に入居した。慶応二年八月一日、戦乱を避けて小倉から熊本入りして以来、一年八カ月ぶりの帰国である。

あたかもこの年、慶応四年は、一月三日に鳥羽・伏見の戦い、同七日には早くも前将軍徳川慶喜への追討令が出され、香春藩にも奥羽出兵派遣の要請がかかるなど、藩にとって内外共に多事多難な年であった。その後、

三月　五ケ条の御誓文の公布
四月　江戸城明け渡し、討幕軍の江戸入城
五月　太政官札の発行、彰義隊の敗走
七月　江戸を東京と改称
九月　慶応を明治と改元、会津藩降伏
十月　天皇、江戸城に入城

など、新しい天皇親政の体制づくりが、積極的に進められていった。

十二月十五日、香春藩は御触れを出して家老職を廃止。執政職制に切り替え、気分一新して藩の再建に取り組んだ。

新しく執政職に任命されたのは、島村志津摩、小笠原内匠、小笠原織衛、小笠原甲斐（後の長祚）、丸田靭負《ゆきえ》（後の秀実）の五名である。

なお、翌年正月十四日、奥羽戦から帰国した平井小左衛門（後の淳麿《すみまろ》）は、大夫の家格を与えられ、香春藩執政に抜擢された。

上＝彰義隊の乱で全焼した上野の山，根本中堂跡
下＝明治 4 (1871) 年の江戸城。下乗橋前より二の丸，東三重櫓方向を見る（〔社〕霞会館資料展示委員会提供）

豊津藩誕生

藩主一行の帰国が無事終わった段階で、藩首脳部は、もはや小倉復帰が絶望的と判断し、藩庁を仲津郡豊津に建設する準備に取りかかった。

豊津は旧名を錦原《にしきはら》といい、標高三〇－八〇メートルの台地で、天保九（一八三八）年に開墾され、その立地要件からみて、かねてから藩都移転の候補地として検討されていた。

明治元年十一月、改めて藩庁の移転先について家臣の投票が行われ、上士百十八人中四十八人が錦原を支持、ここに新藩都の位置は決定した。

かくて年明けと共に新藩都の建設は本格化し、藩内五郡から交替で一日百人ずつ三日間の使役、さらに家屋の建築が始まった段階で、一日二百五十人、四日間の使役が課せられるなど急速度で進められていった。

用材は各地の山林から伐り出され、材木は勿論、竹・菰・手桶類など建設用の器具・消耗品に至るまで供出が割り当てられ、農民の負担は使役も含めて極めて大きかった。

こうして明治二年は、藩にとってまさに激動の幕開けとなった。

「小笠原藩日誌」には、この間の出来事として大要次のように記録されている。

明治二年一月五日　地均《じならし》、五郡より九百五十人出る。
　　　　七日　築城郡婦人二百五十人、地均加勢。
　　　十三日　殿様御造営御場所へ、御家中地均所にて御覧相成る。
　　二十三日　近江守様御領分に御館御取建の儀行わる（千塚《ちづか》原に仮御殿築立）。
二月二十二日　御住居御造営祈禱式。
三月　　四日　藩校思永館を育徳館と改称、錦原に一町三畝を文武館地所として造営に着手。造営に必要な資金七千両、行事村の豪商玉江彦右衛門が献金す（同年十二月二十五日）。
　　　十三日　渋田見縫殿助・富永大助以下百七十九人、羽州表に出兵の処、今日帰着。
　　二十七日　生駒主税以下百二十人、奥州表より帰着。
四月　　二日　殿様錦原へ御越、諸隊調達御覧相成る。
　　　十七日　島村志津摩、執政上席を仰付けらる。
五月　十八日　函館五稜郭降伏。
六月　十八日　版籍奉還。行政官より奥羽出兵の功により小笠原豊千代丸に五千石御加増。忠忱、香春藩の藩知事となる。これより正式に香春藩と称す。
七月　　四日　官制の改革（太政大臣、左右大臣、参議六省を設く）。

中央に準じ藩政改革。これより各地留守居を公用人と呼ぶ。
香春藩執政、丸田靭負・平井小左衛門・小笠原織衛・島村志津摩（病気により非常勤）、以下市政局・郡政局・社寺局・軍事局を設く。

八日　企救郡、日田県に入る。

十月　一日　島村志津摩、香春藩執政を辞す。
小笠原長祚（甲斐）、執政に就任。

十八日　錦原公廨《こうかい》（藩庁）落成。来月三日迄のうちに執政府属官三局弐所他諸役所引移る事。

十一月　五日　香春政府不残引払。

二十八日　忠忱公、田川郡上赤正福寺より錦原へ御引移。
明治政府の定めた新しい官制に基づき任官宣下状が出る。
大参事平井淳麿、大参事職務（次席）小笠原長祚・丸田秀実、権大参事清水潜・入江淡、権大参事職務取扱（次席）富永屯、少参事（民政局）志津野拙三・（会計局）福与平造・（軍務局）三宅五蔵、権少参事（会計局）松本恒助・（軍務局）富永大助・（軍務局）鎌田英三郎・（民政局）浦野又四郎

二十九日　小宮民部自刃。
十二月十八日　育徳館開業触出（正月十一日開業ニ付）。
十九日　貞順院様、金田村大庄屋金田源吉郎方御出立、錦原へ御引移。
二十四日　豊津藩名許可。

上＝貞順院が居住した小笠原別邸（豊津町錦丘上）
下＝豊津藩庁大手門跡（絵葉書。青柳昌子氏提供）

かくて、錦原が豊津の地名を得て、豊津藩の呼称となったのは、明治二年の暮れも迫った十二月二十四日であった。

ちなみに、この時完成した豊津藩庁の域は、東西九十間、南北百間で、周囲は土塁で固め、その中に藩主が政務を執る「藩庁」（公廨）や、藩主やその家族の住居する「内家」が配置されていた。

また藩庁周辺には、育徳館、市井方役所、民政局、会計局、屯営所なども設置された。

島村、官を去る

明治二年十月一日、島村志津摩は香春藩執政を辞職した。この年の四月に執政上席を命じられ、藩都の建設、藩政の刷新など幾多の難問題の処理についてその手腕に期待されていたが、病には勝てず、七月には執政職に留まってはいるものの非常勤となった。

察するに、小倉藩軍第一軍将として、秋から初冬にかけて企救平野で長州軍と熾烈な野戦を展開し、引き続いての止戦処理、さらには香春政府の再建問題など、重なる激務が彼の体調を一層悪くしたものと思われる。

新藩庁落成の日取りも決まり、藩主の帰国日程も決定した十月一日、島村志津摩は官を去った。

「小笠原藩日誌」で辞職前後の年譜を見る限り、島村も今が退き時と心に秘めて決断したのであろう。

いずれにせよ、智勇兼備の武将島村志津摩の引退は、人々に大きな衝撃を与えた。島村と共に軍務で深く関わりのあった平井小左衛門も、島村引退の報に接し、彼と行動を共にすべく執政職の辞職を申し出たが、許されなかった。

藩主忠忱は島村の辞意を聞き、休養をすすめると共に、一藩の大事には特に関わってくれるよう命じて辞職を認めたという。

ところで、この重大な時期に島村が執政職を辞任したことについて、これまでいろいろな説が出されてきた。筆者も、当時の状況からみて、島村が病気のみで辞任したとは考えていない。では、他に退く理由があるのか。多少迂回するが、若干、私見を述べてみたい。

第一に考えられるのが、企救郡の処理についてである。かねてから島村は小倉城自焼後の主戦場が企救平野であり、そのため企救の農民たちの受けた生活被害は計り知れないものがあったと思っていた。その上、戦闘にあたっては、いち早く農兵として島村第一軍に参加し、郷土防衛のために身命を賭して勇戦した。

この企救の農民たちに対する思いは、決して彼の脳裏から離れることはなかっただろう。それだけに島村は常々、企救の人々に相済まぬことをした、必ずこの恩に報いなければ、と側近たちに語っていたと伝えられている。

慶応三年の長州との講和条件では、企救郡は、毛利公父子の罪が解かれるまで長州藩で預かるが、解かれた段階で小倉に返還すると約束されていた。しかし、それも無視され、加えて、明治二年六月の版籍奉還後も、企救郡は長州藩の占領支配下に置かれ、さらに同年九月、日田県の管轄へと移行していった。

島村がひたすら期待した企救郡の小倉領復帰は、ここに来て完全に挫折した。こうした一連の流れを凝視しながら、企救の人々をこんな悲惨な結果に追い込んだのは、すべて当時の戦闘指揮官であった自分の責任である、という島村の強い自責の念が、この期の辞任につながったのではないだろうか。島村の誠実な人柄からすれば当然考えられることである。

第二は、藩にとって一つの転換期を迎えたことである。遺領相続も無事幕府に認可され、六歳の豊千代丸は小笠原忠忱と改名、小笠原家十代の家督を継いだ。また、窮貧の中で苦慮した奥羽出兵も、島村の裁量によって決し、藩兵のめざましい活躍で、新政府に対する忠誠の証もたち、藩主忠忱は戦功によって永世五千石の下賜を受け、香春藩知事に就任した。藩都の建設の方も順調にすすみ、新藩庁への移転の日程も決まった。

時代は着実に新しいものを求めて動いていた。もはや藩と共に幼君の行末を案じて行動してきた自分の任務は終わった、あとは新しい人たちに託す、という心境になったのではなかろうか。

このように島村の執政職辞任の理由を考えてみると、そこには幾つかの複雑な要素がからんでいると思われる。

勿論、島村も今次豊長戦の初期の段階から、しばしば痢病に苦しみ戦線離脱の記録もあるだけに、病気が大きな要因となっていることは間違いないだろうが、武将として山野を駆けめぐった三十代後半の彼の健康が、この時期に来て急に悪化したとは考えにくい。

小宮民部の自刃

島村が引退して間もない明治二年十一月二十九日、小宮民部は小倉城自焼の責任を負って自刃した。自刃の場所は仲津郡木井《きい》馬場村（京都郡犀川町木井馬場）字居屋敷一一七八番地、大庄屋藤河長左衛門の下隠居、通称「角屋敷」の座敷である。

先にも触れたように、民部が香春藩庁から「隠居謹慎」の沙汰書を手にしたのは、慶応三年五月十四日であった。

その後、慶応四年四月、後室貞順院をはじめ藩主一行の帰国により、小宮民部の謹慎はひとまず解かれた。しかし、譜代藩意識にこだわり続けた民部の考え方は、城焼失の責任の声と共に、朝廷寄りにその政策を転換しつつある当時の香春藩には、全く受け入れられなかった。

明治二年十一月二十四日、突然藩庁から差し向けられた十数名の藩士たちに警固されて、叔父原主殿にその身柄を預けられ、藩主忠忱が錦原の新藩庁に入った翌日二十九日、失意のうちに藩の行末を案じながら自刃した。享年四十七歳であった。

辞世

わが君の御代としなりて思ふこと亡き身にものを思ふころかな

遺体は京都郡大久保村（勝山町大久保）の万福寺に埋葬されたが、大正年間に遺族の手によって掘りおこされ、小倉南区の開善寺に改葬された。戒名は「只楽院仁山義鉄居士」。

地元古老伝によれば、前の座敷でもう一人、北隣の村上の座敷でも二人が切腹したと伝えられている。いずれも民部に殉死したものと思われる。

小宮家は代々家禄六百七十石、小笠原信州以来の名門で、いわゆる十四老職の一門であり、門閥も広かった。特に民部は若くして六代小笠原忠固《ただかた》、七代忠徴《ただあきら》、八代忠嘉《ただひろ》、九代忠幹《ただよし》の四代の主君に仕え、中でも彼を重用した忠幹の死後二年間は、執政家老として後室貞順院と共に藩

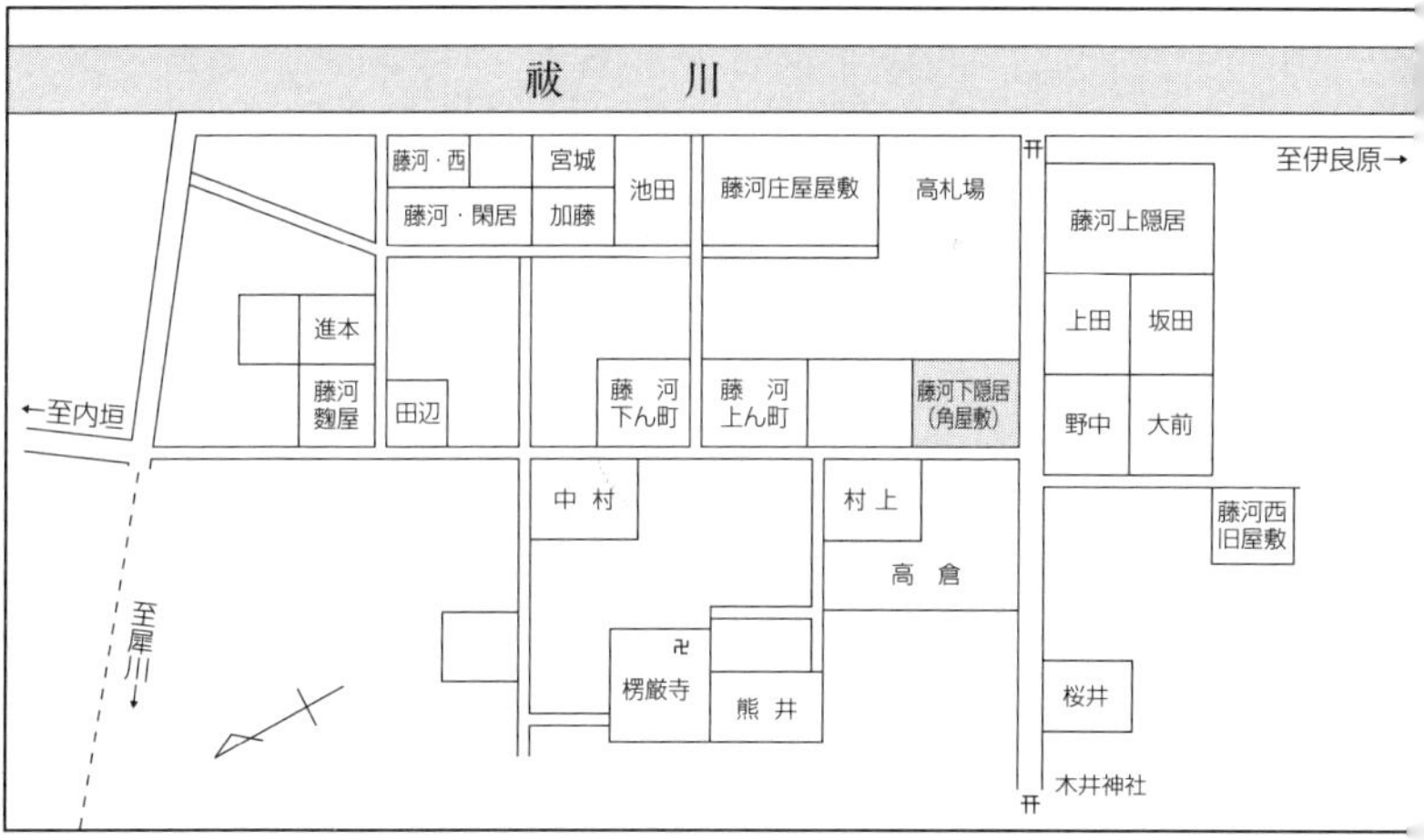

小宮民部自刃の場所（明治末の木井馬場。野中邦重氏資料提供）

政を取りしきり、小倉藩の命運を一身に背負って政務に没頭した。

「わが藩は幕府の藩屏としての譜代藩であり、徳川殿の恩顧に報いるのが武士道というものだ」

彼が側近たちに語ったこの言葉こそ、執政職としての小宮の一貫した思想であった。

民部自刃の報を聞いた貞順院は絶句し、悲泣の声が隣室まで洩れたという。

隣国の『毛利家乗』にまで記された小宮の長年の政敵島村志津摩は、民部の責任が強く問われ、処断が取沙汰されている時、小倉城自焼は小宮民部の独断にあらず、小宮を追及するならこの志津摩とて責任を問わるべきだ、と家中の者たちにもらしたといわれる。

その志津摩がどんな思いでこの悲報を受けたかは、はっきりとした記録はない。ただ、その後島村が、周囲の懸命の説得も聞き入れず、すべての役職を捨て、京都郡二崎の山麓に引き籠ったのは事実である。

「育徳館」の開設

時は多少前に戻るが、執政家老島村志津摩にとって、重要課題の一つに教育政策の具体化があった。彼は戦後、田川・京都郡方面に散在する藩士たちとその子弟に、敗戦の痛手から立ち直らせるためには、人材の育成を通して藩の再興を図っていくしかないと考え、藩校の早期再建に取りかかった。

しかし、もともと武人派である島村にとって文教政策は苦手な分野であり、藩士の中でも一際文武に長じていた郡方喜多村脩蔵の意見を取り入れながら、窮迫した財政難の中で思永館を復活させた。慶応三年五月一日、本館を香春光願寺に置き、支館を領内十一カ所に設置して子弟に教育を施した。

ちなみに、この時期、島村の意を受けて香春思永館の開設に力を注いだ喜多村脩蔵は、矢島伊浜門下の四天王の一人で、早くからその才能を認められ、慶応四年三月には第十三代思永館の学頭として子弟の教育に専念していたが、同年六月に江戸詰めを命じられ、半年後の明治元年十二月、不幸にして凶刃に倒れ死去した。

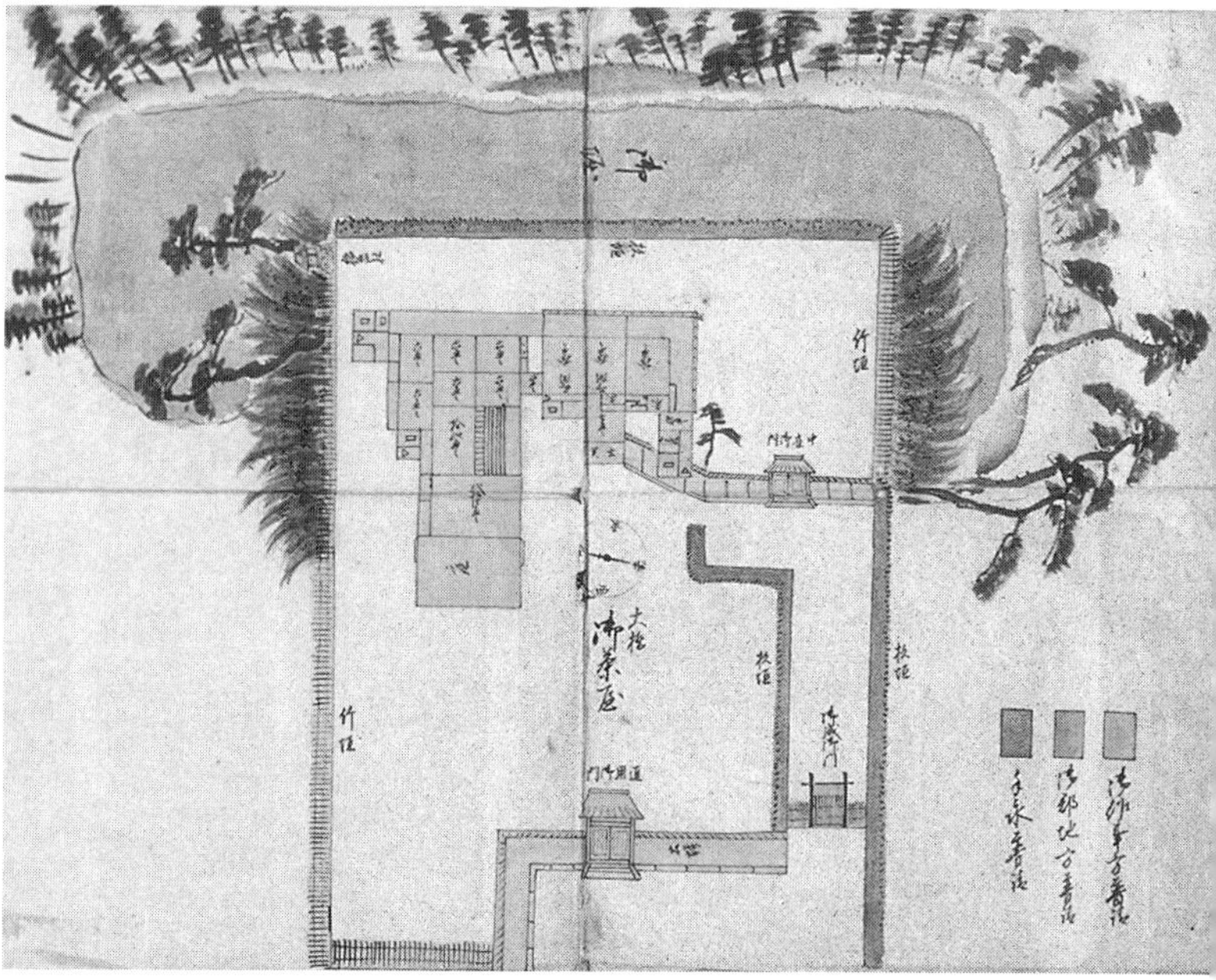

大橋洋学校の校舎にあてられた大橋お茶屋の見取り図（小笠原文庫蔵）

日本電気の創立者であり、日本電業界の大御所でもあった岩垂邦彦は、喜田村脩蔵の次男である。

明治二年三月、香春思永館は名称を育徳館と改称、藩庁豊津移転計画の中に組み入れられて、錦原の地に壱町三畝の地所を与えられ、明治三年一月十一日、新たに藩校育徳館として開校した。

藩校とはいえ、新設された育徳館は、藩士・農民の区別なく入学を許した。「向学の志あるものすべてに門を開くべし」という、喜多村脩蔵が当初島村に進言した新しい教育論が、ここに来て初めて実現したのである。

十月二十日、豊津藩は藩校に学ぶ生徒たちの洋学希望の要請に応えて、仲津郡大橋村（行橋市大橋）字お茶屋下に、育徳館分校として大橋洋学校を開設した。

校舎には、財政上の理由もあって、当時空き屋になっていた大橋のお茶屋があてられた。お茶屋とは、藩主の領内巡視の際の宿泊所・休憩所としてあてがわれた公館である。

大橋洋学校の建物は、一部竹藪に囲まれ、その外には堀があって、建坪も相当大きな規模であった。教科は英語・洋算を主とし、当時、福岡県下最初の洋学校として世間の注目を浴びた。生徒は三十人、育徳館から選ばれた若者たちで構成され、全員寄宿舎に入寮していた。この中には、後に島村志津摩の娘婿になった河野於菟彦《おとひこ》も入学している。

当初は英語のできる藩士を他藩から雇ってきて出発したが、その後、豊津藩の江戸藩邸で洋学の講義をしていたオランダ人ファン・カステールが、英語・ドイツ語講師として招聘された。カステールは、明治四年九月十二日、藩の汽船「大有丸」で沓尾港に到着、元大庄屋守田邸にて二泊した後、玉江彦右衛門が提供した行事西町の寓居に入った。

なにぶん初の外人教師の招聘だけに、地元でいざこざが起きないよう、豊津県としても随分神経を遣い、「論文《さとしぶみ》」と称する触書を出して、欧米人を知らない県民に対して、偏見や飛語に惑わされないよう諭した。

論　文

此度外国人を雇い入れしは、文字を習ひ、知識を明らむるの学術を受けるがためなり。然るに世上にて外国人は人の油または血をとるなど、らちもなきことを申し唱うる者これある折柄にて、彼の雇い入れし外人もまた必ずこの事をなすなど、根なき言を何となく申しとなへ、ついてはなおいろいろの言をも流布し、衆人をまどわし、誠に心得違いの至り、憎むべきことにて、厳密に詮議をとげ候よう筋々へ申し置き候。〔後略〕

辛未九月

県　庁

カステールとの契約期限は明治六年十一月八日までであったが、途中、明治五年八月、文部省は全国統一の学制を発布、「一般の人民必ず邑《むら》に不学の戸なく、家に不学の人なからしめん」という原則の上に立つ義務教育制をとった。このため藩校育徳館は、名目上は一旦廃校になったものの、その後私費経営に移され、私立育徳学校として絶えることなく授業を続けた。

こうした中で明治六年四月、大橋洋学校は本校育徳学校に吸収され閉鎖となった。カステールは生徒と共に豊津に移り、自らは下本町の旧豊津藩市政局の庁舎を改造した住いに引っ越したが、任期の関係もあって、豊津在住わずか七カ月で豊前の地を離れ、東京に戻った。

カステールの在任は、大橋洋学校時代を含めて短い期間であったが、当時としてはまったく未知の国の新しい学問と文化をこの辺境の地の子弟に与え、豊前地区の洋学の発達に大きな足跡を残した。

慶応三年五月、島村が、敗戦後の藩の再興は人材の育成によって定まるとして、いち早く藩校思永館の復興に力を注いで以来、その意志は育徳館、さらには大橋洋学校の開設へと継承され発展してきたが、その藩校も明治五年八月三日の新しい学制頒布によって終わりを告げた。

しかし、この藩校に学んだ子弟の中から後に多くの逸材を世に送り出したことを思えば、島村の功績は、単に武人としての評価のみでなく、別な角度からも見直されてよいのではないだろうか。

第五章

終焉の地

島村志津摩が「飴屋」で描いたと伝えられる「宝珠若松熨斗之図」。小倉の俳人「半日閑人」の筆書が見える（著者蔵）

隠　棲

京都郡二崎へ

島村志津摩が、いつ豊津を去って二崎《ふたざき》に隠棲したか、正確な日付は分からない。ただ、彼が藩政から退いた前後の記録から見て、およその時期を推定することはできる。小倉の豪商中原嘉左右の日記（以下『中原日記』とする）には、次のような記述がなされている。

明治三年正月七日
島村様時計弐ツ仕直出来、送来候事、此直賃金三両弐朱申来候、正月八日亀吉ヲ以届込
二タ崎島村志津摩殿江ぶた壱切、書状壱通、正月八日亀吉ヲ以届込

「島村様時計弐ツ仕直出来、送来候事」とあるのは、中原嘉左右（中原屋）が、当時藩の命を受け、長崎御用物吟味役を務めていた関係で、島村所有の時計の修理を依頼され、それが直ったので、島村のもとに届けたものであろう。

余談になるが、当時長崎には、日本の時計の発祥の地として御用時計師や修理方職人がかなりいた。

いずれにせよ、この正月七日の『中原日記』から見て、すでに明治三（一八七〇）年一月七日には島村志津摩が二崎に住んでいたことは間違いない。とすれば、先の「小笠原藩日誌」とあわせて推測するに、島村は、明治二年十月、香春藩執政を辞した後、新藩庁の落成、藩主忠忱の錦原御殿への引き移りを見届けた上で、同年十二月末には二崎の草庵に移ったものと思われる。

さて、島村が隠棲した二崎の場所であるが、『苅田町誌』には次のように記されている。

> 島村屋敷（苅田町二崎）
>
> 廃藩置県後、旧小笠原藩士は、こゝ二崎の海岸に面した山裾に移り住む者が多かつた。丙寅の役、金辺峠の勇士志津摩も、二崎神社の裏手、山裾に居を構えた。山水を象って築き山があり、縁先に碁石が敷きつめてあったという。夫人はなか〳〵の賢夫人で、村人はホーリン様と呼んだ。志津摩は、明治九年こゝに没したが、納棺は在りし日の彼を思わせる正装で、遺体の周囲には茶殻を敷き詰めて埋葬されたという。行列には椽〔ママ〕、刀を捧持したという。

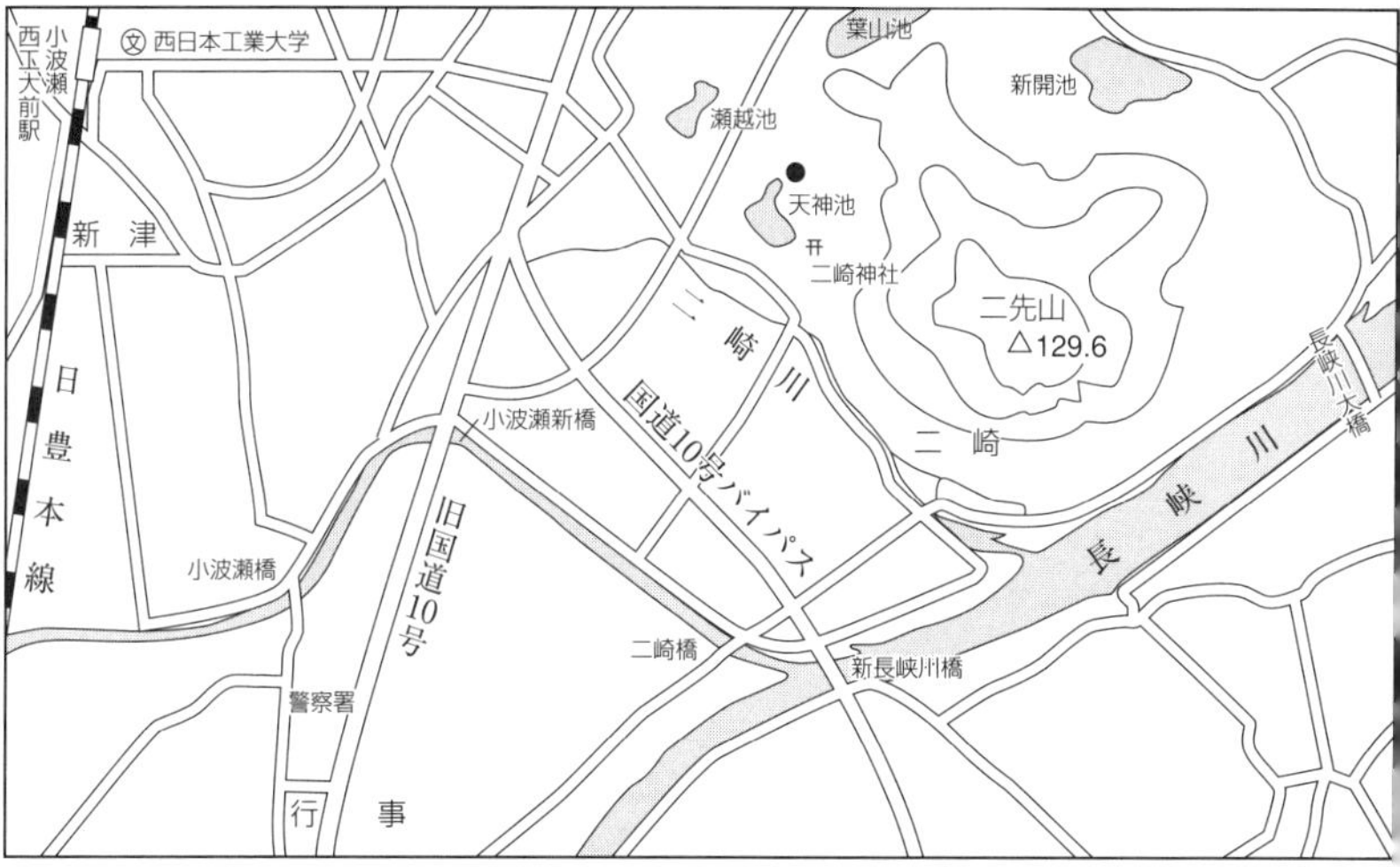

島村屋敷跡位置図（天神池そばの●印。現・苅田町）

附——此の墓は後、小倉広寿山に改葬され、二崎の屋敷跡は今に島村屋敷という。

筆者はこの記事をもとに、これまで二崎に何度も足を運び、古老の方々にその正確な位置について尋ねて回った。その結果、天神池に面した二先山の山裾（地図参照）が、島村屋敷であることが分かった。

ただ、『苅田町誌』に記されているような屋敷跡は、現在何一つ残っていない。

目印は、二崎神社の左横の畔道を北へ二〇〇メートルばかり行った雑木林の中にある、桜の大木のあたりである（一九〇ページ写真参照）。

島村がこの地で余生を送ったのは、彼が亡くなる明治九年八月までだから、六年と八カ月程であった。

短い期間だけに、彼が二崎でどんな生き方をしてきたのか、島村に関心を持つ者の最も知りたいところで

国道10号バイパスより島村屋敷跡を望む。左側の墓の右下，桜の大木の近辺（苅田町大字二崎）

ある。しかし残念なことに、島村の生涯の中で最も分かりにくいのがこの時期なのである。

その理由は、島村がすでに公職から一切身を退いていること、さらには彼の没後、嗣子壮吉（「惣吉」とする史料もある）が家督を継いだが、子に恵まれず、島村家の血統が絶えて、個人的記録が見当たらないからである。

わずかに手掛かりになるのは、この期間、『中原日記』の片隅に書かれている島村志津摩に関連する記事である。それだけにこの日記は、皆無に近い当時の島村の動向を知る上での貴重な史料と言えよう。

以下、「藩日誌」を軸に、『中原日記』と、筆者が得た情報などを組み入れながら彼の余生をたどってみたい。

豊津藩の動き

島村が隠棲した後、明治三年の豊津藩の動きについて、「藩日誌」は次のように記している。

一月十一日　育徳館開業。
一月十二日　錦原を豊津と改む。
一月十三日　藩名豊津と布告。
一月十五日　御城上棟祝。
二月十四日　企救郡、日田県の支配下に入る。
二月二十日　長州藩、企救郡から引き揚げる。
三月　十日　金辺峠、大貫峠に堺塚を建つ。

これから見るに、新しい藩都の建設と止戦後の処理が目につく。
この年三月末の『中原日記』に島村のことが再び書かれている。

　三月廿一日　曇雨
　堤半蔵・柏木黙助同道島村大夫江罷出、蒸気船之御咄有之候事

この記事は、当時、行事村の堤平兵衛宅を借り受けていた中原嘉左右が、平兵衛の子半蔵と大橋村「柏屋」の当主である柏木黙二と共に、二崎を訪ねた折り、蒸気船の話が島村からあっ

たという内容である。

ちなみに、堤家は屋号を「新屋」といって、大橋の「柏屋」、行事の玉江「飴屋」[26]と並ぶ当時の大商人で、三家共豊津藩庁の建設にあたっては、それぞれ多額の献金をしている。特に島村が家老在職中に企画・実施した仲津郡の文久新開の干拓工事には、柏木黙二・堤半蔵の両人は深く関わっており、島村とは旧知の仲でもあった。

堤家（屋号「新屋」）の旧舗（行橋市行事。『九州大観』〔1917年〕より）

さて、蒸気船について具体的にどんな話があったかは記されていないが、堤・柏木・中原が職業上、蒸気船に関して非常に興味を持っていたことは容易に考えられる。

中でも中原嘉左右は、当時、筑豊石炭の販売権を握り、早くから海上運輸の重要性を察知していただけに、蒸気船の話に絡んで、石炭採掘・販売のことなど、話は進展したと推察される。

このあと、明治三年の後半、島村に一つの波紋が生じた。「日田表百姓一揆」に関わる問題である。「小倉藩日誌」を追ってみよう。

四月二十八日　金辺峠の関門弁番所取片付。
五月二十八日　忠忱公、沓尾港より乗船、東京江天機御伺。
六月　十二日　アメリカより虹橋船[27]を購入。外人二人雇入れる。この条約書にてはじめて藩文書に一八七〇年の西暦年号を用う。
九月　七日　建野郷三・山田寅吉、藩費で二年間イギリス留学。
十月　二十日　大橋洋学校を開く。
十一月二十日　日田表百姓一揆、当藩出兵。
十二月　七日　島村に丙寅国難前後の戦功の家隷扶持料として金百五十円宛永世賜与をした。
（『小倉市誌』下）

この「日田表百姓一揆」は、単なる農民一揆ではなく、保守排外主義の一部豊津藩士が、新政府の廃仏毀釈強行などに反感を懐いた不平僧侶たちを動かし、日田の農民を巻き込んだ反政府運動であった。

しかし、陰謀は未然に露顕し、この計画を積極的に推進した関係者たちは豊津藩に捕えられた。逮捕された暴徒の一人、高松久米蔵（豊津藩士）の口書には、

「大望之義ハ極内ニ而御政府江モ申入、御承知ニ相成、長祚様・志津摩様外御壱人、右御三

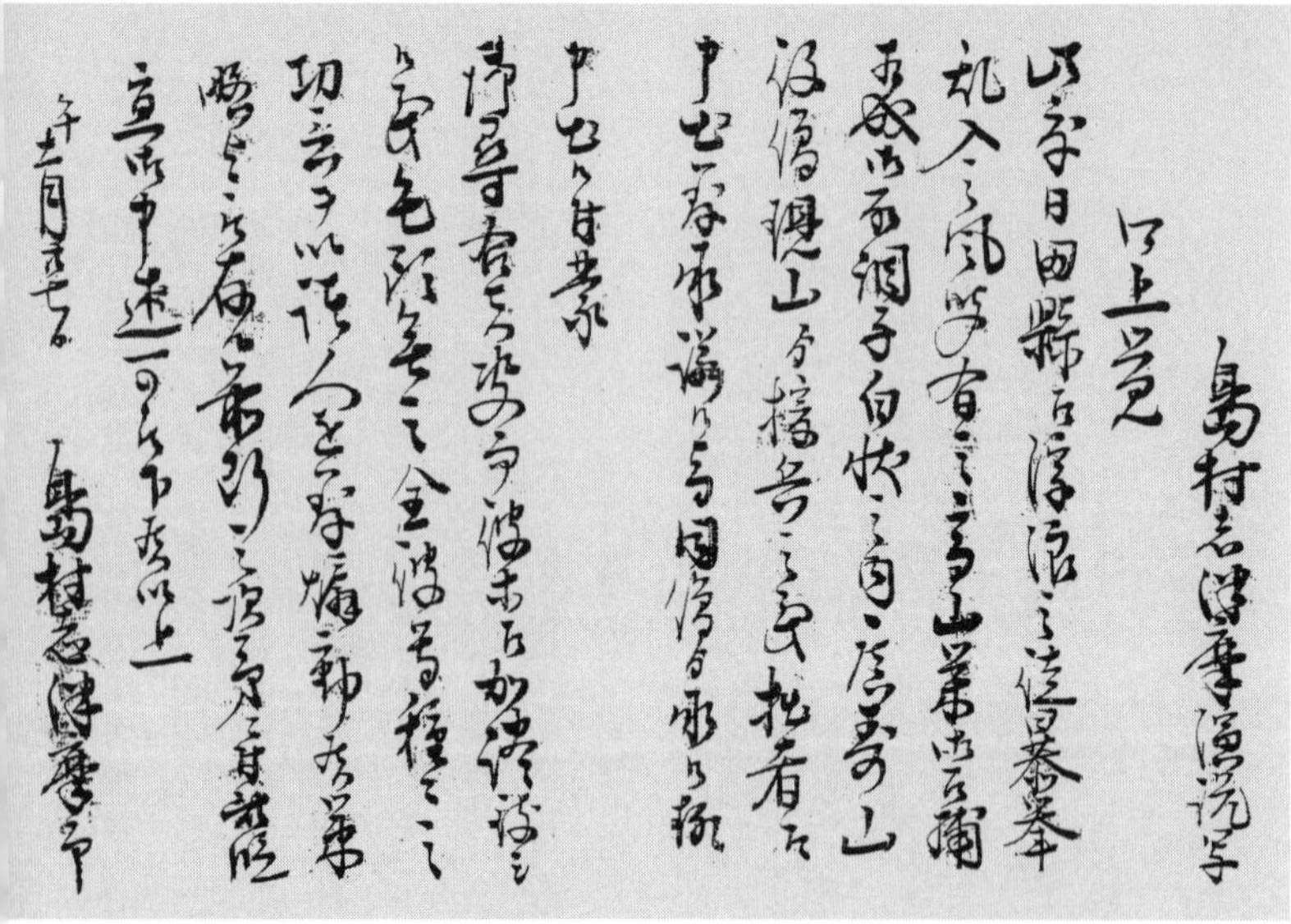

島村が豊津藩に出した口上覚（日田一揆一件。小笠原文庫蔵）

方様江ハ広寿山之僧ヨリ申入御承知ニ相成居候」

とあり、一揆の件については事前に藩政府にも申し入れをし、承知されているはず、と語っている。また、いま一人の高松栄（豊津藩士）の藩の取り調べ書の中には、広寿山役僧硯山より、

「嶋村様ニハ拙者ヨリ建白致置可申積リ」

との語もある。

召し捕えられた暴徒たちは、当時隠棲中の島村に支援を求め、恰《あたか》もこの一揆に島村が理解を示したかのごとく述べているのである。しかし、これに対し島村は、「自分は全く知らぬことである。多分、一揆の指導者たちが私の名を巧みに使って、百姓たちを煽動した策略にすぎない」という「口上覚」を豊津藩に提出している。

隠棲中とはいえ、島村の名望を悪用したもの

として注目される事件である。

藩体制の解体

明治四年、新政府による改革は、廃藩置県という画期的な政治改革によって、諸藩に大きな変革をもたらした。

「小倉藩日誌」も、その慌しさをよく表している。

五月　一日　会津藩家老萱野権兵衛次男郡長正、育徳館南寮の一室にて自刃。
六月十一日　藩知事、東京より帰藩。
七月十四日　廃藩置県。豊津藩を豊津県と称す。
七月十五日　小笠原忠忱、豊津藩知事を免ぜらる。
九月　五日　豊津県、戸長四十四人触出。
九月十九日　前藩知事小笠原忠忱、東京居住のため沓尾港から出発。
　　　　　　田川郡百姓一揆、同月二十一日鎮圧。
十一月一日　家中藩士の知行渡しが行われ、石五百五十目で買上げる旨布告。
十一月十四日　豊津県を廃し、小倉県を置く。

十二月一日　此度士族之向祿券相渡候付、来ル廿八日迄ニ庁掌役所へ当人印鑑所持罷出受取
　　可申候。

豊津藩は廃止となり、豊津藩知事の小笠原忠忱はその職を解かれ、華族令によって「家祿」と「華族」としての身分を保証され、東京に移住することになった。

東京移住が決まった忠忱は、八月三日、藩士一統を育徳館に集め、これまでの精忠に感謝の意を表し、「仁」、「義」、「信」など一字ずつ書いた親筆を与えて別離の盃を交わした。

かつて藩主忠忱の侍講を務めた鎌田思誠は、当日の様子を『戴恩篋底録《たいおんきょうていろく》』（豊津町歴史民俗資料館蔵）という遺訓録の中で、

「藩士残らす恐怖、慨嘆、悲傷に勝《たえ》す暫の間、言葉なかりき」

と記している。

九月十九日、小笠原忠忱は沓尾港から海路東京に向けて出発した。

この日、朝五つ半時（午前九時）、大勢の家臣団に見送られて豊津を出発した忠忱は、途中、天生田《あもうだ》河原で領内の大庄屋・庄屋たちに別れの言葉を述べたのち、多くの領民たちが見送る中を、八つ時（午後二時）、沓尾港から出帆した。

領民にとっては、これが先の第十代小倉藩主小笠原忠忱との最後の別れでもあった。

大正初期の「快哉楼」(玉江彦太郎氏提供)

その後、藩士たちの禄高も廃止され、これまでの俸禄はすべて新政府が買い上げた。これによって地方分権的旧藩体制は完全に解体され、中央集権の新しい国家体制へと移行していった。止戦後、藩の復興に情熱を燃やしていた島村志津摩が、草深き二崎の山麓で、こうした藩崩壊の過程をどう感じとっていたか、史料がないだけに全く分からない。

地元古老の話によれば、「島村様は、よく二崎から蓑島にかけて、かすみ網を張って鴨猟をしていた」と祖父たちから聞いたという。

一方、『小倉市誌』(下)の「島村志津摩」の項には、「氏風流、温藉《うんしゃ》、尤も絵事を長ず。好みて鶉《うずら》を描く。亦一世の能品たり。其印章に、絶へて姓名雅号を用ゐず。たゞ青山一片雲烟の六字を捺するのみ。氏酷だ麹蘖《きくげつ》を嗜み、一斗乱れず」とある。おそらく猟の合間には絵を描き、酒を酌んで楽しんだと思われる。

島村は、行事村の豪商・玉江「飴屋」(以下「飴屋」)にはよく出掛けたらしく、島村が「飴屋」で書いた絵もかなりあったといわれている。

往時、玉江家には多くの文人・墨客がしばしば足を留めて、余技を楽しみながら、ゆっくり休める「快哉楼《かいさいろう》」[28]という建物があっ

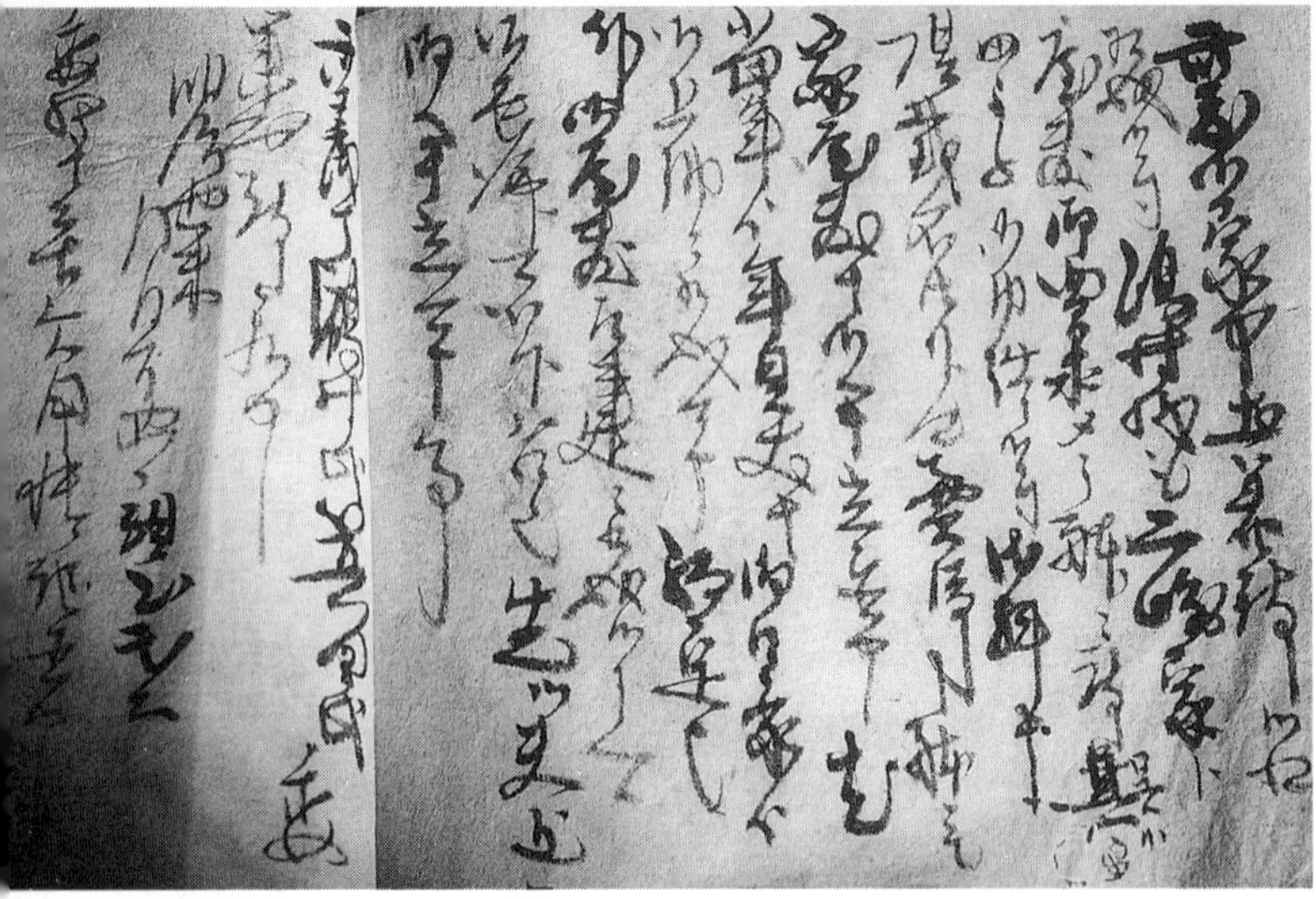

玉江家第十代彦右衛門が記録した「日日必要記」（玉江彦太郎氏蔵）より

此度御家中土着致し候様
相成候ニ付、嶋村様も二崎家ト
屋敷御買求メ之躰ニ致し呉候
よふ御内談候ニ付、代料は
頂戴不仕引合、売渡し之躰ニて
家屋敷は御用立置申候、尤
当年より年貢丈は御同家より
御上納ニ相成可申約定申候
外ニ御屋敷取建ニ相成候うへハ
御返済可被下心得也、先ツ夫迄ハ
御用立可申事
此義は鶴村氏・箕田氏委細
承知致し居申候
明治四未
八月廿四日　須山〔カ〕□□〔判読不能〕
委細は店御用帳ニ記置申候

た。距離的にも二崎から遠くないだけに、「快哉楼」は隠棲した彼にとって唯一、心の安らげる場所であったに相違ない。

もともと島村と「飴屋」とは、藩政時代からのつながりもあって、大変近しい関係にあった。特に玉江家第十代彦右衛門が記録した「日日必要記(29)」の中には、島村の二崎への隠棲にあたって、その家屋敷を用立てたことや、袂時計を贈ったこと、さらには毎年、島村家の郎党に御年賀の金子を配ったことなどが詳細に記されている、島村と昵懇《じっこん》であったことは明らかである。

炭坑経営

隠棲していた島村が、炭坑経営に乗り出した時期は、多分、廃藩置県が断行された明治四年の末か、翌五年にかけてであろう。

手掛けた理由は、藩体制の崩壊で禄をなくした士族の現状を深く憂慮した島村が、その救済事業の一環として踏み切ったものと思われる。

『小倉市誌』(下)によれば、島村は、家老在任中から、藩の産業振興策として、田川郡の石炭採掘を盛んにし、河原弓削田その他の地方に坑を開かせている。また『金田町誌』には、「安政六(一八五九)年、小倉藩家老島村志津摩が郡代外四十名を伴って、田川郡金田村の石炭山を視察す」と記されており、島村が早くから石炭産業に意欲を持っていたことが窺える。

後年、貝島財閥を築き上げた貝島太助は、明治五年十月、二十八歳で、田川郡弓削田村（田川市弓削田）の西弓削田炭坑に入坑しているが、彼の伝記の中に、

「抑も西弓削田炭坑は、今の峯地炭坑にして、筑豊五郡中、有数の大炭坑なりき。旧小倉藩家老島村志津摩の所有なりしが、彼の到りし時は、創業、日未だ浅くして、諸般の設備整頓せず、随つて事務員以下坑夫に至るまで、斯業に精通するもの無かりしかば……」（「貝島太助伝（稿本）」九州大学石炭研究資料センター）

とある。

さらに同書には、当時の鉱業が甚だ幼稚にして、自然の障害が頻発、特に坑底の漏水処理で、採炭夫と揚水夫の待遇をめぐっての衝突も多く、坑主島村も賃金の窮乏を告げ、しばしば採炭賃金の支払いに支障を来すなど、その経営が容易でなかったことが記されている。

このことから、明治五年の前後、島村志津摩が西弓削田炭坑の坑主として、その経営にあたっていたことは間違いない。

また一方、これに関連するものとして、『小倉市誌』（下）の「島村志津摩」の項に次のようなことが記載されている。

「廃藩置県と同時に、早くも眼を世態に着け、商会なる社団を起せしも、団員の士人未だ旧習を脱せざりし為めか、成効せず。失望の中、即ち明治九年八月に歿したるは惜むべきなり」

一体、島村が興した商会なる社団とは何のことか、その全貌はつかみ難い。

ところで、『田川市史』（中）に、当時、筑豊の石炭の採掘権を握っていた中原嘉左右の、明治二年から同九年までの主要石炭販売先の表が出ている。この中に、販売相手として「土州商社」や「三菱商社」、「土州商会」といった商社、商会名が随所に見受けられる。

これから察するに、坑主島村も、西弓削田坑の産出炭をはじめ、筑豊の石炭を販売または運送するための商会を興したのではなかろうか。結果的には「士族の商法」として成功しなかったとはいえ、この商会なるものが、筑豊の石炭開発に関係するものであったことは否めない。

明治六年になって、『中原日記』に島村と石炭に関わる記事が次のように書かれている。

明治六年一月五日

一、柏木黙二江出状之事

但、二夕崎蒸気之一条申来候段之返書遣し候事

明治六年一月十九日

一、柏木黙二、今日帰橋之事

一、二夕崎島村氏行、赤田出状柏木江相渡候事

前段は、中原嘉左右が、島村からの蒸気の件についての返事を、柏木默二に手紙にしたという記事で、この中にある「蒸気之一条」とは何のことか、いま一つはっきりしない。ただ、一月十九日に記されている「赤田」とは、多分、赤池石炭役所に勤務している赤田寿一郎のことであろう。これからすると、島村宛の赤田書状は、石炭に関わる内容であったに相違ない。

この記事から見て、当時、島村の経営する西弓削田の炭坑が思うに任せず、島村が中原嘉左右や赤田寿一郎に相談を持ち込んでいることは明らかである。

これら一連の史料から察するに、明治四年七月の廃藩置県によって藩が解体され、藩直営の炭坑が一般業者の手に移るに至って、旧藩家老の島村は、私財を投じて買い取り、自ら坑主となって士族の授産事業に踏み込んだが、参加した士人の理解を得られず、資金面で行き詰まり、事業半ばにして退いたのではないだろうか。

明治六年の田川郡坑業人の表には、すでに島村の名前は見当たらない。このことから、島村の炭坑経営は、おそらく明治六年の早い時期に挫折したものと思われる。

隠棲後の生活

明治六年二月以降、島村に関する『中原日記』は再び途絶えた。柏木、堤などの在郷商人と島村との関係記事もすっかり姿を消した。

思うに、この頃島村は、所有の炭坑経営も挫折し、やりきれない虚しさの中で、孤独を嘆じながら余生を送っていたのではないだろうか。

この間、明治政府は、これまで士族に与えられていた家禄および賞典禄を、封建的主従関係の撤廃と財政上の観点から公債を発行して奉還させた。

これによって、漸次禄扶持をなくした士族にとって、公債証書のみでは、当時のインフレ的傾向の社会を乗り切っていくことは並大抵ではなかった。このため多くの士族の生活は苦しく、「官途につくか」、「事業を興すか」以外には、生活にゆとりはなかった。

島村とて例外ではなく、特に彼が清廉潔白の士だけに、先の炭坑経営の挫折もあって、その生活は容易ではなかっただろう。

旧仲津郡崎野村（行橋市泉中央一丁目）にある竜泉寺の東隣りに、樹木に囲まれた広大な屋敷があった。近年、宅地開発で取り壊されて昔の面影はなくなったが、かつては千五百坪の上村源三の屋敷であった。

源三は元小笠原藩士で、上村甚三郎といい、維新後、藩から金を借りて娘の嫁ぎ先（田川郡赤池の赤田寿三郎）の関係もあって赤池の炭坑で儲け、さらに大阪に出て米相場に手を出し、莫大な利益を得た。上村はその大金で周辺の水田などを買い占め、財をなした。

島村が住んだ二崎からこの上村屋敷まで、距離にして一里余、途中に行事の「飴屋」なども

上村屋敷のテニス・コート。右は竜泉寺の森（大正末。現・行橋市泉中央）

あって、島村は再三この屋敷を訪れている。

上村家の親族の話によれば、「源三屋敷」は、玄関の式台を上ってすぐが八畳の間、奥の十二畳の座敷には床の間が二つあり、正面には能舞台も設けられていた。

庭にはザボンの木や山椒の木、椿の木など四季折々の名木が植えられ、のちに英国式のテニス・コートも造られたという。

島村との関係については、上村家の子孫の方が、古くから家に伝わる話として次のように語られていた。

島村様は前家老としての格式を保ち、家に入ると黙って自ら座敷に上がり、床柱を背にして坐った。上村家では丁重にもてなし、帰りには幾許《いくばく》かの金子を包んで差し上げた。御家老は「有難う」と言って受け取り、代わりに必ず持参の品を置いていった。「金子《きんす》を貸せ」とか、「金子を用立てよ」などという言葉は決して言わなかった。こちらから「いかほどご入用ですか」と尋ねても何も言われなかったので、随分気を遣ったという。

おそらく彼のこれまでの経歴と誇りが、そうした言葉を出すことを許さなかったのであろう。

上村家には島村の持参した逸品がかなりあった。島村志津摩使用の払子《ほっす》や采配、軍扇、島村家の家紋（下り藤）入りの太刀・火縄銃、陣羽織・陣太鼓、軸物、茶壺（表が銀、中が金）。慶応三（一八六七）年三月、十代忠忱公から拝領の佩刀まであったといわれている。これらはすべて島村家が持ち込んだもので、よほど家計不如意であったに相違ない。事実であれば、かつての名将も、清貧の中ですっかり「知命諦観《ていかん》」の人になってしまったと思われる。

ただこれについては、上村家の人は、志津摩の死後、奥さんが人力車でよく二崎から来て、「島村の遺品を上村で保管してほしい」という話があったことを聞いているので、この時にもいくらか持ち込まれたのではないか、とも言われていた。

いずれにしても、隠棲後の島村と上村との関係は、生活面で深いつながりがあったことは確かである。

余聞になるが、終戦後、上村家のおばあさん（源三の五女、昭和四十一年没）が次のように友人に語ったという。

戦後間もなく、占領軍が各家庭にある刀剣を没収しに来るという噂が伝わった。隠していても探知機を使ったらすぐに分かり、出さなかったら大変なことになる、と家人が言うので、三階の屋根裏の刀簞笥にしまっていた銘刀十六本（三階菱入りの大刀も含む）と、島村様が置いていったと伝えられてきた家紋入りの火縄銃も一緒に、泉の駐在所に届け出た。間もなく駐在巡査が来て、風呂敷に包んで没収していった。これらはすべて上村の家宝として大事にしていただけに、本当に惜しかった。自宅の床の下には御影石で囲んだ石棺がいけてあり、それには石蓋もあって、その中に慶長小判、一朱、二朱金が壺に一杯入れてあったが、戦後間もなく、主人と共にすべて門司の日本銀行に納めに行った（この話は昭和五十八年十二月、おばあさんの友人・行橋市竹並の奥マサさんから筆者が聞いた）。

戦前の上村家の財力を知る話として興味深い。

ところで、島村の妻のことであるが、一説には「島村志津摩には正妻はいなかった」という〝伝え話〟が今も残っている。しかし、「諸士系図」（一）の小笠原内膳長茂のものには、長茂の三男小笠原弥三郎長彙《ながしげ》の妹は島村志津摩の妻である、と明記されている。

小笠原内膳長茂……先祖は阪牧監物忠増（忠真公の御子也、而して家臣阪牧兵右衛門忠利の養子になる）

長茂の兄（小笠原監物長澄の妻は嶋村十左衛門貫充の娘なり）

長茂の三男　小笠原弥三郎長彙の妹は志津摩の妻

（「諸士系図」巻一、小笠原文庫蔵）

また一方、「慶応三卯年小倉追書」の安政二（一八五五）年十二月二十八日の記事には、「島村志津摩の離縁」について次のように記録されている。

一、左之通致離縁候段届出候

嶋村志津摩
妻
離縁
小笠原監物
妹

（「小笠原文書　14」北九州市立歴史博物館蔵）

はたして、小笠原監物の妹とは、「諸士系図」（一）に記されている小笠原弥三郎長彙の妹のことか。長彙の系列が代々家督を相続した段階で、監物という称を用いているだけに、多分、同一人物と考えてよいのではないだろうか。

安政二年といえば、島村は二十三歳、若くして妻帯し、離婚していることが分かる。

島村はその後、再度妻を娶ったようで、明治十七年五月二十日の『中原日記』には、河野四郎の娘の婚儀にあたって、河野側の親類として島村の妻が出席していることが記されている。

五月二十日　晴　西風

一　午前十一時木島清司参、兼テ周旋之故河野四郎娘今夜入嫁之義申来候ニ付、藤井昇吉江料理申付、執行、夜十二時相済候事

当主　河野乙彦〔於菟彦〕姉

親類　付添　小笠原甲斐

亡保高直衛妻　外家来壱人

亡島村志津摩妻

参席周旋人　竹内恒三郎

此方親族　　田中義次郎幷母

以上拾銘席

後述（二一七ページ）の広寿山福聚禅寺の過去帳に記載されている「嶌村ツチ」とは、この後添いの夫人と思われる。

以上のことから察するに、島村志津摩に妻がいたことは間違いない。ただ、嗣子壮吉が、正妻の子であったか否かの証はない。

上村家の人々や、志津摩の唯一の分家筋(30)にあたる、横浜市在住の故嶋村晴夫氏（元日本石油

精製株式会社社長）の伝えるところによれば、「志津摩には正妻はいなかった」ということだが、それを裏付ける資料は見当たらない。

終焉

明治七年二月一日、元参議江藤新平を中心に、新政府に反対する不平士族が反乱を起こした。政府は直ちに陸軍省に出兵を命じた。この時、旧豊津藩出身の小沢武雄は、陸軍大佐として、陸軍卿山県有朋の官房長をしていた。小沢は、自藩の豊津士族が佐賀士族と相呼応して暴発することのないよう、また、新政府に対して旧藩士が忠誠心を示すよい機会と考え、自ら西下して、旧友生駒九一郎を総括に、反乱軍鎮撫のために豊津士族を出動させた。

小沢と生駒は共に、かつて島村との信頼関係が深かっただけに、この時、軍の要請で編成された「士族貫属隊」は、陰で島村が中心になって作らせたといわれている。

『明治維新人名辞典』（吉川弘文館）の「島村貫倫」の項に、

「佐賀の乱には、旧藩士を鼓舞して政府軍に救援尽力した」

とあるのは、この貫属隊編成のことを指していると思われる。

その後、島村に関する消息は分からなかったが、近年、前豊津藩少参事で、当時陸軍省の第五局第五課長をしていた「松本正足《まさたり》日記」が国立国会図書館に保管されていて、その内の明治九年の記載に、島村について次のように書かれていることが判明した。

明治九年六月二十七日　晴
少々不快ニ付、午前ニ退出ス、小笠原長祚子、島村志津摩篤疾ニ付、看訪ノ為帰県、明廿八日発帆之由付、金弐拾円書状ニ入組送方、長祚子ニ託ス承諾之旨返書来ル

この日記から、すでにこの時期、島村は病の床に臥し、しかも病状はかなり重かったことが窺える。

ところで、この日から五日後の明治九年七月二日の『中原日記』には、島村が東京在住の小笠原長祚宛に、「病気は全快したので来ないでよい」という電報を、「中原屋」を通して発信したという記事が出ている。

明治九年七月二日　雨
一、東京牛込若松丁七十八番地　小笠原長祚江島村志津摩より電報取次、仕出し候事
賃三十九銭五厘

フタサキ《ザ》　ヒ《ビ》ョウニン　セ《ゼ》ンカイ　クタル　ヘカラス
右之通、今朝第二号仕出之事蓑田泰蔵より頼来ル
此料金三拾九銭五厘島村へ　かし

本当に電文どおり全快したのであろうか。おそらく志津摩の性格からして、病状は決してはかばかしくなかったが、長祚が遠路東京から下って来ることに気を遣ったものと思われる。「松本正足日記」には、小笠原長祚は六月二十八日に東京を出発する、と書かれているので、電報発信の日付からみて、長祚はすでに出発した後で間に合わなかっただろう。

いずれにせよ、長祚が二崎の島村の所に来たか否かの記録はない。

ちなみに小笠原長祚は、別名甲斐といい、幕末期の藩の執政を務め、その性朴訥にして気概に富み、藩士の信頼も厚く、島村と共に藩政末期のきびしい状況を乗り切った人物である。

友人小笠原長祚が危惧したとおり、島村の病状は重かった。

八月に入って、秋月の不平士族の旗上げに理解を示していた、豊津士族の急進派の頭目であった杉生十郎は、使者を二崎の島村のもとに遣わし、秋月党が挙兵した場合に、豊津士族としてどう対応すべきかの伺いを立てた。島村は病床の身でありながら、「佐賀の乱」を引き合いに出して挙兵に反対し、軽挙を慎むよう杉生に伝えたという（上村源三の孫武夫氏の談）。そ

れは旧藩士の動きを案じる島村の最後の忠告でもあった。

明治九年八月十八日、島村志津摩は、京都郡二崎の邸にて病没した。享年四十四歳。

前出『苅田町誌』によれば、納棺は、在りし日の彼を思わせる正装で、遺体の周囲には茶殻を敷き詰めて埋葬されたという。墓は邸後の丘上にあったが、のち小倉広寿山に改葬された。

余　録

埋葬地を尋ねて

島村志津摩が埋葬された位置については、筆者もこれまで再三、二崎の墓地に足を運んだが分からなかった。

平成十一年六月、改めて調査に出かけた際、二崎区長の新木辰三さん宅で、大正元（一九一二）年改めの、古い二崎墓地管理簿が見つかり、初めてその埋葬の位置が確認できた。

場所は、京都郡小波瀬村大字二崎弐百八拾五番地字龍門寺。位置は、埋葬位置図中の番号㊀である（人名は後で筆者が入れたもの）。

埋葬者名簿によれば、墓標の種類は墳墓、姓名は嶋村志津馬、埋葬年月日は明治九年八月十八日、葬主は「嶋村惣吉」となっている。

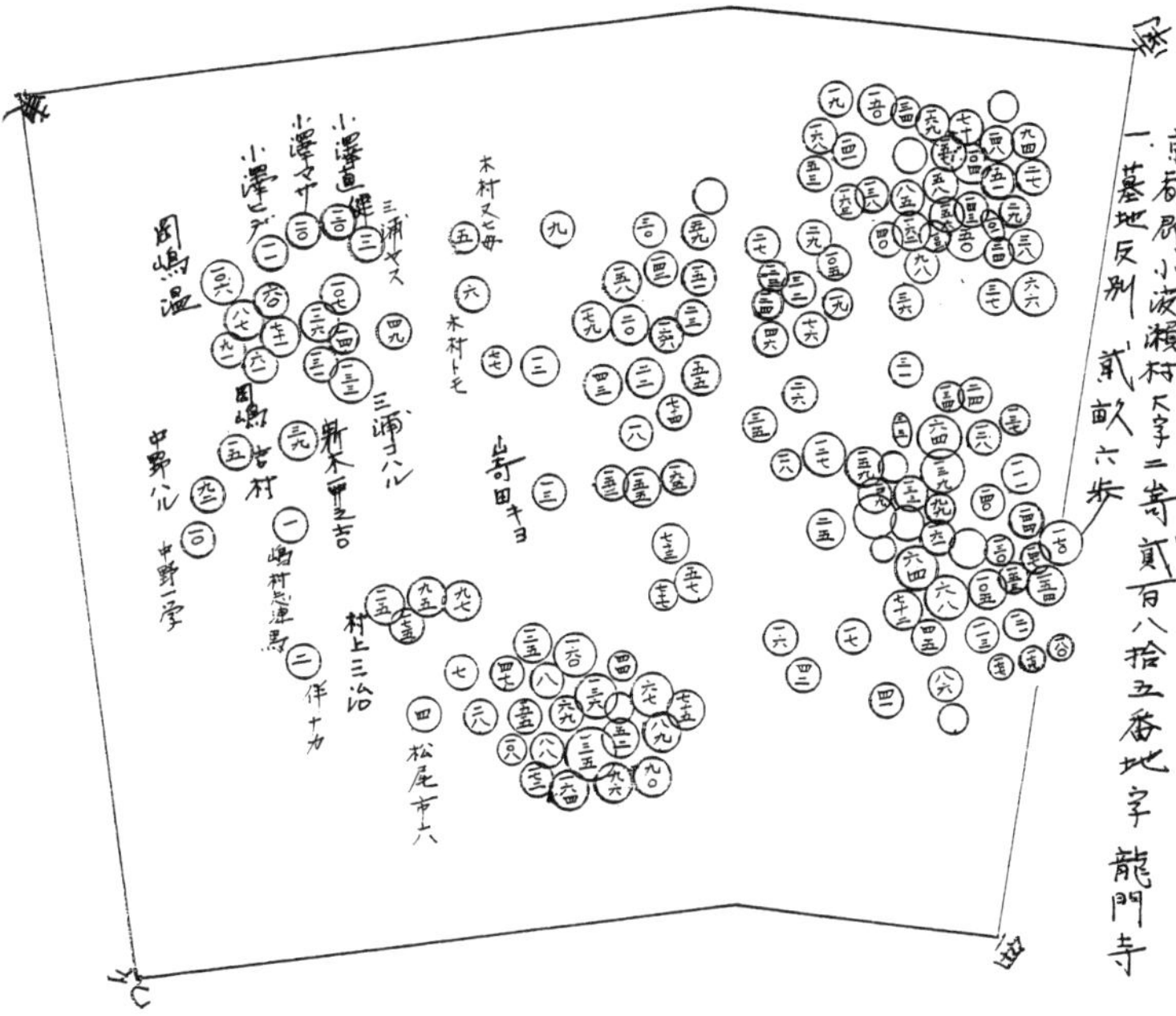

二崎墓地管理簿に記されている埋葬位置図

埋葬位置図をもとに島村の埋葬地を推定して写したのが、二一四ページ掲載写真である。前後左右の石碑は、島村の墓が小倉に改葬後、建てられたもので、島村とは全く関係がない。島村の亡くなった年月日からみて、当時は志津摩の墳墓のみであったと考えられる。

その後、小倉藩軍の四番備の士大将として島村と共に対長州戦で戦った中野一学をはじめ、伴、三浦、西川、小沢、岡嶋といった旧小笠原藩士がこの地に埋葬されていることが分かった。

二崎にあった志津摩の墓が、小倉の小笠原家の菩提寺である広寿山に改葬されたのは、没後十九年が経過した明治二十八年十月で、母である珠光院の墓と共に、広寿山丸山経堂墓地に葬られている。

墓碑は、「小倉藩島村志津摩之墓」となっており、墓石の側面に「無聖院廓然瑩徹居士／明治九年丙子八月十八日」と刻まれている。

察するに、二崎の山中に墳墓のまま島村を眠らせることは、彼のこれまでの栄光の足跡からみてふさわしくなく、藩公の菩提寺である広寿山福聚禅寺の境内に建立し、後世にその名を残

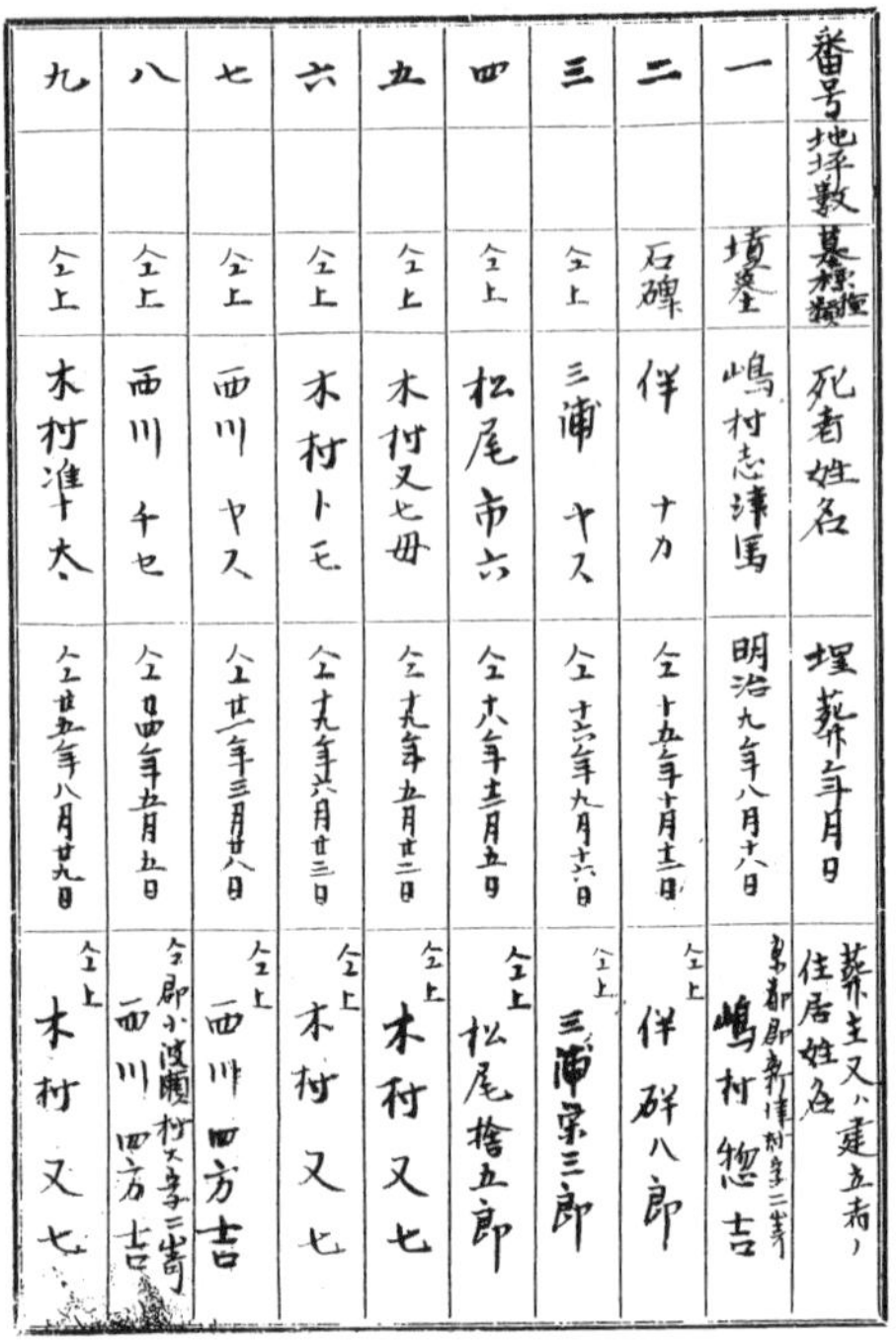

番号地坪数	墓標種類	死者姓名	埋葬年月日	葬主又ハ建立者ノ住居姓名
一	墳墓	嶋村志津馬	明治九年八月十八日	京都郡新津村第二十一番 嶋村惣吉
二	石碑	伴 ナカ	仝十五年十月十三日	仝上 伴 群八郎
三	仝上	三浦 ヤス	仝 十六年九月十六日	仝上 三浦栄三郎
四	仝上	松尾市六	仝 十八年十二月五日	仝上 松尾捨五郎
五	仝上	木村又七母	仝 十九年五月廿二日	仝上 木村又七
六	仝上	木村トモ	仝 十九年六月廿三日	仝上 木村又七
七	仝上	西川ヤス	仝 廿一年三月廿八日	仝上 西川四方吉
八	仝上	西川チセ	仝 廿四年五月五日	仝郡小波瀬村大字二崎 西川四方吉
九	仝上	木村準十太	仝 廿五年八月廿九日	仝上 木村又七

上＝二崎墓地の島村志津摩埋葬地（前面の平らな所）
下＝二崎墓地の埋葬者名簿（部分）

すのが至当であるという有志の意見などもあって、改葬されたと考えられる。

建立者については、特に墓碑には刻まれていないが、墓の表書きが「小倉藩島村志津摩之墓」となっていることからみて、おそらく島村の偉業を偲ぶ有志一同の手によって建立されたと見るべきであろう。

志津摩の墓の前面にある左右の花立てにはそれぞれ、磯部松蔵、永井力五郎という、明治中期の門司財界人の名前が刻まれていることから、両人共、墓の建立には相応の援助をなしたと思われる。

島村志津摩の墓（小倉北区・広寿山福聚禅寺）

ちなみに磯部松蔵は白木崎の人で、港湾運送に活躍した。彼が明治三十年病が全快した時、謝恩の意味で、広石に慈雲寺を誘致し、寺の守護神として金比羅を祀った。この時、知友・部下の者たちが贈ったのが磯部松蔵寿像である。磯部については、森鷗外の「小倉日記」にも書かれており、寿像の銅板の銘文は鷗外の撰文である。
（今村元市著『ふるさとの想い出写真集　門司』の解説）

島村家の墓地には、志津摩の墓碑を中心に、正面に向かって左に、

「珠光院了悦妙真大姉／明治廿三年十一月廿三日」

右に、

「嶋郁氏先祖累代之墓／明治十九年七月／不肖孫貫素建之」

の二基の墓石が並んでいる。

「珠光院了悦妙真大姉」は志津摩の母である。

墓石の左側面に「嶌村クニ子」とあり、裏面には、「明治二十五年辰十一月廿三日建之　施主　赤田寿一郎　上村観七郎」と刻まれている。

施主の上村観七郎は、志津摩が晩年出入りしていた上村源三の長男であり、赤田寿一郎は、源三の五女アサの嫁ぎ先でもある元小笠原藩士赤田家の一族で、赤池の石炭役所の役人として、島村が炭坑経営をしていた時からの知人でもあり、両人共、島村家とは縁が深い。

本来ならば、志津摩の没後のことでもあり、島村の血縁者の手で珠光院の墓が建立されるのが至当と思われるが、何らかの事情で血筋外の上村・赤田の両氏が施主になったと思われる。

福聚禅寺には島村に関するものとして次の二つが収蔵されている。

一つは「年代順過去帳」であり、もう一つは、明治三十八年の「墓籍台帳」である。前者には志津摩と母、そして妻の法名並びに俗名が次のように記されている。

【年　月　日】	【法　名】	【俗　名】	【年　齢】
明治三十三年十一月十一日	宝林院天室妙璨大姉	蔦村ツチ妻	天保十三年七月十三日生
明治九年八月十八日	無聖院廓然瑩徹居士	一人子 蔦村志津摩	
明治廿三年十一月廿三日	珠光院了悦妙真大姉	蔦村クニ子 志津摩の母	

また、後者には福聚禅寺への埋葬年月日が明記されている。

【番号】	【地坪の数】	【墓標の種類】	【死者の姓名】	【埋葬年月日】	【葬主又は建立者の住所・姓名】
20	三尺方	石　碑	嶋村累代之墓	明治19年7月	嶋村貫素
59	四尺方	石　碑	蔦村志津摩	明治28年10月改葬	蔦村壮吉
60	四尺方	石　碑	蔦村珠光院	明治28年10月改葬	蔦村壮吉

この二つの台帳から言えることは、

一、志津摩が、埋葬されていた二崎の墓地から広寿山福聚禅寺に改葬されたのは、明治二十八年十月で、この時、母珠光院の墓も同時に改葬された。葬主は志津摩の嫡男壮吉であること。

二、嶋村累代の墓は、志津摩の墓が改葬される前より福聚禅寺に建てられていたことから、後になって、志津摩並びに珠光院の墓がここに移されたものと思われる。累代墓の建立者は「不肖孫貫素」と碑に刻まれているが、志津摩とどういう関係にある孫かはっきりしていない。

三、島村には正妻がいなかったという説が、これまで島村の分家筋並びに彼と昵懇の上村家の人たちから言われてきた。しかし「墓籍台帳」には、「嶌村ツチ」という妻がいて、明治三十三年十一月十一日に亡くなっていることが記されている。おそらく、離婚後娶った二度目の妻ではないかと思われる。

子孫のその後

次に、島村の累代墓を建立した孫貫素のことも含め、島村家の家系について多少考察してみたい。

『豊前人物志』（山崎有信著）の「島村志津摩」の項によれば、

「嗣子壮吉家を継ぎしかども、亦近年物故し、子なし、名家の血統茲に絶ゆ、誠に遺憾の至りなり」

とあり、嗣子壮吉には子供はなく、血は絶えた、と記してある。
ただ、志津摩には娘がいて、かつて島村の片腕となって共に藩政改革に尽くした郡代河野四郎の長男通直に嫁いでいる。この通直について同じく『豊前人物志』は次のように記している。

河野通直は、下関の船中に於て長兵に囲まれ遂に自尽したる有名なる河野四郎の長男なり、其の妻は島村志津摩の女なり。幼名を於菟彦《をとひこ》と云ふ。長じて通直と改む。後に東京府小笠原島(31)島司《とうじ》の下に書記として久しく同島にありしが、後に司法省に転じ、司法属に任ぜらる。通直の長子四郎妻帯せしも数子を挙げ病死し、次男三郎、三男好直皆少《わこ》うして病死す。長女冬子、次女美智子、何れも他に嫁せしも之れ亦少うして皆死せり、通直の死亡年月日詳ならずと云ふ。

河野通直のことについては、『中原日記』に、この一家が明治十八年に宮城県仙台市へ引っ越すことになったという記事が書かれている。少々迂回するが、数少ない志津摩の血筋なので紹介したい。

明治十八年八月四日

一、正午小倉より、河野於菟彦住所宮城県へ従類召連登り候ニ付、赤間関へ参、此為送越
家内幷ニ五郎、赤間関へ参候事
一、同夜、河野於菟彦夫婦幷悴四郎・女子已上四人、宿平野源助へ招キ離盃酒肴遣、夜十
一時船宿へ帰り候事

明治十八年八月廿九日

一、河野於菟彦、陸前国仙台区外記町拾八番地より八月廿一日出状着之事、八月五日夕一
丸乗船、神辺〔戸〕ニテ玄海丸へ乗続、九日夕横浜着、十三日迄東京へ滞、十四日午後出帆住
ノ江丸へ乗船、十六日午前着仙、不在中去ル十三日一等昇級之段申来候事

河野一家が宮城県へ引っ越すにあたり、中原嘉左右の家族が赤間関まで出かけ、夜送別の宴をもったことや、仙台に無事着いた河野於菟彦から手紙が来たことなどが記されている。

河野の家族が、なぜ豊前の地を離れ、遠く仙台に転住していったかについては、八月二十九日の『中原日記』中にある「不在中去ル十三日一等昇級之段申来候事」という一文から推測すれば、おそらく官吏として転出していったものと考えられる。

以上のことから察するに、島村の孫といえば、河野通直の長子四郎しかいない。

しかし、通直の一家が仙台に引っ越した翌年の明治十九年に、島村家の累代墓を四郎が建立

したとは到底考えられない。とすれば、「不肖孫貫素」とは誰か。筆者の調査したかぎりでは分からなかった。

河野通直一家のその後の消息については、漠としてつかめない。『豊前人物志』の末尾に記載されているとおりである。

ちなみに、長州戦の止戦交渉で活躍した旧小笠原藩士石井省一郎は、当時岩手県令という要職について盛岡に居たし、また島村の盟友でもあった小笠原長祚も、同じく陸奥《みちのく》盛岡に居住していた。

特に、少年時代から通直の父河野四郎の手付となり、常に主人河野の側にあって国事に当たってきた早川知寛は、この時、宮城県一等属として、土木課長兼勧業課長を務め活躍していた。明治十九年、野に下りて仙台土功会社（早川組）を興し、自ら社長となって、鉄道敷設、海岸の埋立事業などで成功し、宮城県公益のために大いに貢献した。後、押されて仙台市長に就任した。

明治十八年、初めて仙台に転住した河野一家にとって、早川の存在は大きく、また早川自身も、少壮の頃の恩顧に報いるべく、何かと河野一家の面倒をみたであろうと思われる。

ところで、話は多少先にとぶが、島村の嫡男に関する興味ある投稿記事が、昭和六十一年三月三十日付「西日本新聞」（日曜随筆「畑に学ぶ」）に掲載されていたので紹介したい。投稿されたのは元西日本新聞社社会部長の柴田安兵衛氏である。

雪の降る日でも、母は二の腕までぬか漬け桶《おけ》に入れて、ぬかみそをかき混ぜていた。よほど冷たいのか、湯を入れた桶をそばにおいて腕を温めていたのを覚えている。

「朝まだ暗いうちに起こされて藍玉《あいだま》を搗《つ》かされた」

と祖母のしつけのきびしさを聞いたことがある。商家だけに、徳島の藍商人の接待や同業者の会合でしばしば宴会が行われ、お手伝いのように使われたらしい。そのせいか、二ノ膳《ぜん》、三ノ膳までの献立は、いつでもできるというのが母の自慢であった。このしつけのきびしさが、祖母の娘にたいする愛情だったわけだ。

私は子供のころ、父の勤めの関係で大分市上野ケ丘に育った。この丘に旧制大分中学があり、その運動場が私たちの遊び場だった。昔、大友宗麟の別邸があったとかで、運動場の拡張工事の時、小判のつまった壺《つぼ》や刀が出てきたことがある。

ある日、小倉の祖母が訪ねてきて、中学の正門の前にある文房具店を訪ねた。その店は島村といったが、店の中に入るや否や、白髪の老婆とそこの主人は、手を握りあったまま、一言も発せず涙また涙で、長い間土間に立ちつくしていた。

この情景は、いまだに私の瞼《まぶた》に焼きついている。

この主人は、小笠原藩家老島村志津摩の息子で、祖母は、若いころ、乳が豊富だったので、島村家に請われて、赤子に乳を飲ましたとのこと、この赤子がこの主人だったわけだ。

家老島村志津摩は二十一歳で家老職に就き、安政の改革をやり、〝下り藤（家紋）の島村〟として長州勢にもその勇武を恐れられた逸材であった。私が言いたいのは、幕末から維新への動乱の中でも、ぬか漬けが商家の主婦によって守られたということである。

（福岡市・老人菜園「白梅園」園長・柴田安兵衛）

島村志津摩に関心を持っていた私は、この記事を読んですぐ柴田さんのお宅に電話をして、しばらくお話しをする機会を得た。

柴田さんの言われるには、

「私の母は小笠原藩の城下町小倉紺屋町の紺屋《こうや》の末娘で、庭には藍壺がたくさん並んでいた。祖母は長顔のきれいな人だったが、私が中学三年の頃、八十五歳位で亡くなった。その祖母が大分に来たのは、私が小学校入学の前後ぐらいだったと思う。島村という文房具店には祖母と一緒に行ったので、朧《おぼろ》げながら主人の顔も記憶している。今振り返ってみると、確か五十過ぎくらいの上品な人だった。

島村志津摩の詳しい業績は、私も社会人になってから知ったので、この時の光景を思い出して、後年、別府に行ったついでに、この文房具屋を訪ねたが、この界隈はすっかり変わり果て、主人の行先も全く分からなかった」

当時、私にこのように語ってくれた柴田さんも、平成十年に亡くなられた。

柴田さんのお話を聞く中で、私はこの時の文房具店の主人こそ、年齢的にみても島村志津摩の嗣子壮吉の変わり果てた姿ではないかと思った。それだけに、その後の消息でも分かれば、晩年の志津摩を知る手がかりになったのにと思い、残念でならない。

秋風落莫

時世は進展し、先の対長州戦で荒廃した城下小倉の町も、公立医学校兼病院の再興、始審裁判所の開設、小倉港の修築、定演劇場の設置、商法会議所の創設など都市開発の諸事業が進められた。そのつど『中原日記』が埋められていく中で、明治二十年、小笠原長祚が岩手県にて死去したことが片隅に書かれている。

明治二十年三月六日

企救郡弐十丁村住[32]、大羽勇吉正午参候事、是ハ小笠原長祚、岩手県盛岡ニテ死去之件ニ付内談ニ罷越候事、但、昨夜島村後室参、該件申出候ニ付、本日大羽参候事

島村の没後十一年、最後まで彼の身を案じていた旧豊津藩大参事（次席）小笠原長祚も、遠く北国の盛岡にて死去した。

いま一人、島村の知友であり、金辺峠に志津摩の遺業を名文で記した小倉藩儒医吉尾敦（字・菊瀬）も、明治二十四年十月二十五日、豊津山口屋の離れにて六十三歳の生涯を終えた。雄渾な島村志津摩の頌徳《しょうとく》文を金辺峠に残した菊瀬が、晩年、病気と生活苦にあえぎながら最後は豊津の山口卯三郎方で淋しく世を去っていったことを思うと、「硯海新詩《けんかいしんし》」巻之上に出ている彼の五言絶句の「偶成」、

詩随世態軽　　詩は世態に随って軽く
酒与人情薄　　酒は人情とともに薄し
四壁悄無声　　四壁悄として声無く
灯花結還落　　灯花結びてはまた落つ

の詩文を思い浮かべ、秋風落莫の感を憶える。

ここに、菊瀬が書いた金辺峠・島村志津摩の碑銘文の全文及びその訓読をかかげて稿を終わりたい（原田茂安〔『小倉郷土史学』三〕による）。

前豊以険聞者、金嶺居其一。慶応丙寅之役、我小倉藩老臣嶋村君、拠以防敵焉。初幕府征長州、以我藩為西面先鋒。戦干田浦、大里、鳥越等処。既而将軍薨。鎮西諸藩、従征在境内者、皆遽解去、監軍使夜遁。我兵孤危、幾乎将潰。君慨然励衆、死守此地。与狸坂兵、相成掎角、以塞敵南出之衝。於是兵気復振。君諱貫倫。剛果鋭勇、胆略過人。此役、将先鋒第一隊。大小数十戦、立干弾丸雨注之間、従容指揮進退不失其節。士卒悦服、楽為之用。故能以善戦著。後以病歿。士民追慕、欲建碑伝其事遠、請余文。余嘗与君親善。又喜郷人有此挙、遂書碑刻之。

明治十九年丙戌冬十一月　　吉雄敦撰并書

前豊（豊前）の険を以て聞こゆる者、金嶺（金辺峠）は其の一に居る。慶応丙寅の役（第二次征長戦）、我が小倉藩の老臣嶋村君、拠《よ》りて以て敵を防ぐ。初め幕府の長州を征するや、我が藩を以て西面の先鋒と為《な》す。田の浦、大里、鳥越等の処に戦う。既にして将軍（徳川十四代家茂）薨《こう》ず。鎮西の諸藩、征に従うて境内に在る者、皆遽《にわか》に解き去り、監軍（老中小笠原長行）をして夜遁《のが》れしむ。我が兵孤《ひと》り危うく、将に潰《つい》ゆるに幾《なんなん》とす。君慨然として衆を励まし、此の地を死守す。狸坂（狸峠）の兵と、相《たがい》に掎角《きかく》（双方にて敵を牽制し合う）を成し、以て敵の南出の衝《しょう》を塞《ふさ》ぐ。是《ここ》に於て兵気復《ま》た振う。君諱《いみな》は貫倫《つらとも》、剛果鋭勇、胆略《たんりやく》人に過ぐ。此の役先鋒第一隊に将たり。大小数十戦、弾丸雨注の間に立ち、従容として、指揮進退、其の節を失はず。士卒悦んで服し、之が用たるを楽しむ。故に能く善戦を以て著《あらわ》る。後に病を以て歿す。士民追慕し、碑を建てて其の事を遠く伝えんと欲し、余に文を請う。余嘗て君と親《したし》善かりき。又郷人の此の挙《くわだて》あるを喜び、遂に碑に書きて之を刻む。

金辺峠の島村志津摩の碑（田川郡香春町）

註

(1) 伊丹九郎左衛門氏親は、初代福岡藩主黒田長政に仕え、二代忠之の守役。のち代官などを務めた。知行千五百石。
(2) 大島・喜界島・徳之島三島砂糖の惣(総)買入。
(3) 天保九(一八三八)年、表番頭に列し、改革担当者となって藩政改革に着手、同十一年、江戸当役用談役として天保改革を実施・主導する。九十一石、のち百六十一石となる。
(4) 財務および行政関係の事務を管掌する家老。
(5) 文久元(一八六一)年、長州藩が長井雅楽の建議に基づいてとった政策で、和宮の将軍家への降嫁の動きに応じて朝廷の鎖国攘夷の方針を変え、開国進取の線でまとめようとした。
(6) 奇兵隊参謀。元治元(一八六四)年の「禁門の変」で死す。
(7) 伊豆韮山代官。高島秋帆の門に入って砲術を学び、ペリー来航以来、海防の権威として品川砲台築造、反射炉築造(韮山)、大砲鋳造に力を尽くした。
(8) 家業は回船問屋。文久三(一八六三)年、弟と共に奇兵隊に入隊。家財を傾けて志士の運動を助けた。
(9) 福原越後以下三家老の斬罪、藩主父子の蟄居、家禄十万石の召し上げ。
(10) 種々の原因によって起こる下痢の病の総称。
(11) 弾丸の飛行力を強大にするために、銃身・砲身の内壁に螺旋状の筋をつけた砲。
(12) 萩藩三丘宍戸備前の陪臣。奇兵隊小隊司令、鳥越千畳敷砲台に進入、奮戦中に戦死。
(13) 慶応二(一八六六)年六月二十五日、長行は小倉常盤橋横の客館にて仏公使ロッシュと会談、翌二十六日、英公使パークスと会談、毛利家罪状書十四カ条を示し、第二次征長戦に協力を求めた。

(14) 慶応二(一八六六)年六月五日、三十二藩主に送り、その要旨は、「第二次長州戦の決行は天下分裂の基を開き、外夷の術中に陥ること必然。何卒このことをご賢察いただき、参加について深く御遠慮下さるよう泣血懇願奉候」というもの。

(15) 十四代将軍徳川家茂は、大坂城にて慶応二(一八六六)年七月二十日死去。

(16) 元信州小笠原の家臣だったが、三代の時(元禄年間)に商人となって、大橋村に住む。以来、木蠟商を開業。屋号を「柏屋」と称して発展した在郷商人。

(17) 小倉(篠崎)から紫川をさかのぼり、蒲生、長行、高津尾に至る道路。秀吉軍が九州平定の際に通過した道からこの名が付いたと思われる。

(18) 三条実美の他、三条西季知《すえとも》、東久世通禧《みちとみ》、壬生基修《もとなが》、四条隆謌《たかうた》。

(19) 採銅所御領口庄屋秋元喜久蔵宅。

(20) 赤間関新地の大年寄。揚酒場を営む。遊撃隊をはじめ諸隊に資金を援助。慶応三(一八六七)年、高杉晋作はこの家の離れで亡くなった。

(21) 家族の他、仲間・下女までを含めた当時の呼称。

(22) 長州藩の公館、小郡御茶屋。

(23) 慶応二(一八六六)年十一月二十七日、幼君一行は、阿蘇内ノ牧の御茶屋より新築なった熊本・坪井の仮御殿に移る。

(24) 岩倉具視、大久保利通らが作成し、朝廷から薩長両藩に出された、慶喜追討を命じた非公式の勅書。

(25) 慶応三(一八六七)年十二月、王政復古の新官制として新設された参与職のいる役所。主として薩長など雄藩の代表者がこれに当てられた。

(26) 江戸時代中期、宝永年間から十二代約二百七十年間続いた豪商。飴商の他、綿実、酒、醤油、板場商、質、登り商など七つの商いをして発展した。

(27) 長さ二十九間、幅四・五間、噸四五〇トン、檣二本、蒸気力百馬力、煙筒一、艦質木製。艦運用に要する費用として、一昼夜およそ五十両かかった（「豊倉記事」より）。

(28) 玉江家七代彦右衛門（蓬洲）が、天保年間に画室および来客接待用として建てた四階建の家屋。

(29) 玉江家第十代当主彦右衛門の書いた文久・元治・慶応・明治にわたる記録で、五冊（「玉江文書」一二一ー一六）ある。

(30) 嶋村晴夫氏から送付されてきた嶋村の本家・分家の家系。

嶋村弾正左衛貴則：貴則院円海道忠大居士
享祿四（一五三一）年四月六日没、墓所不明

- **嶋村豊後守貴次**
  - **嶋村九兵衛則貫**：知光院道悦禅定門
    寛永十八（一六四一）年九月十八日没
    妻：蓮池院妙光大姉
    寛永二（一六二五）年一月二日没
    夫婦共筑前福岡法華宗勝立寺に葬。また小倉真浄寺下屋敷にも墓あり
- **児嶋十郎貴正**
  - 五代の孫
  - **新国弥三左衛門則入**：正誉則入禅定門
    寛文四（一六六四）年九月二十一日没

嶋村十左衛門貫吉：領解院白日悦居士
寛文元（一六六一）年六月二十一日没
豊前企救郡到津村屋敷山上に墓あり
妻：寂理性院妙閑大姉
寛永十四（一六三七）年八月九日没
妻：軋晴院利応性貞大姉
寛文八（一六六八）年五月十四日没
妻二人共小倉真浄寺下屋敷中に墓あり

嶋村治左衛門貫重：徳寿院自雄道英居士
正徳二（一七一二）年三月二日没
妻：正受院妙浄善真大姉
元禄八（一六九五）年七月十五日没
夫婦共広寿山下・養徳院中に葬す

嶋村十左衛門貫豊：祥光院自善紹処居士
享保元（一七一六）年十一月二日没
妻：清薫院妙種浄智大姉
元文五（一七四〇）年六月二十七日没
夫婦共広寿山下・養徳院中に葬す

円応寺に改葬。

新国五左衛門正吉：崇誉道円信士
元禄二（一六八九）年九月四日没
円応寺に葬す

児嶋源右衛門正次：円誉道祐居士
享保十四（一七二九）年四月七日没
円応寺に葬す

児嶋左源太正矩：清岳浄貞信士
没年月日不詳
円応寺に葬す

――嶋村十左衛門貫名：洗心院自前実栄居士
元文五（一七四〇）年一月十三日没
妻：栄春院浄光玄珠大姉
享保十九（一七三四）年三月二十六日
没
夫婦共養徳院中に葬す
――嶋村十左衛門貫中：常心院自覚道本居士
宝暦四（一七五四）年十月二十二日没
江戸にて没したため江戸大雄山海禅寺
に葬す
妻：常智院寿光達永大姉
宝暦五（一七五五）年三月二十一日没
養徳院中に葬す
――嶋村十左衛門貫充
妻：霊光院清月浄心大姉
安永九（一七八〇）年八月二十六日没
養徳院中に葬す

――児嶌太次蔵貴丈：行岳遊歩居士
寛政六（一七九六）年十一月
十六日没
円応寺
――児嶌晴五郎貫通：還誉虚舟居士
文政七（一八二四）年六月二
十六日没
円応寺
――嶋村左源太貫高：露散嵐角居士
天保五（一八三四）年九月十
八日没
円応寺
――嶋村勇賢貫（勇）：峰賢院貫誉勇山居士
明治三（一八七〇）年三月十
日没
円応寺

嶋村采女介貫郷
天明八（一七八八）年四月、この系図を増補して記した。

嶋村十左衛門貫一

嶋村内匠貫寵《つらたか》

嶋村志津摩：無聖院廓然瑩徹《えいてつ》
明治九（一八七六）年八月十八日没
広寿山福聚寺

嶋村浅夫：徳善院実誉誠道居士
昭和六（一九三一）年七月七日没
九品仏浄真寺

嶋村大輔：輝清院大誉安窓浄処居士
昭和二十（一九四五）年六月二十日没
九品仏浄真寺

嶋村欣一

(31) 小笠原の祖貞頼が文禄二（一五九三）年に発見したもので、以来、島名を小笠原島という。小笠原とは深い因縁の島である。

(32) 北九州市門司区上二十町。

島村志津摩略年譜

年号	西暦	年齢	年譜	関係事項
天保4	一八三三	1	小倉城内で島村十左衛門貫寵の長子として生まれる。母は長府藩家老迫田伊勢之助の六女クニ子、のちの珠光院。	
7	一八三六	4		天保の大飢饉きびしさを増す。
8	一八三七	5		1月、小倉城天守閣・本丸焼失。
11	一八四〇	8		長州藩、村田清風を登用、藩政改革に乗りだす。
13	一八四二	10	家督を継ぎ千二百石を受ける。	
嘉永5	一八五二	20	家老職に就任。	
6	一八五三	21		6月、ペリー、浦賀に来航。 小宮民部、家老に就任。
安政元	一八五四	22	勝手方引受家老に就任。 河野四郎と共に藩政改革を断行。	
3	一八五六	24		七代小笠原忠徴没、忠嘉襲封。
5	一八五八	26		小宮民部、家老を退く。 9月、安政の大獄始まる。

安政6	一八五九	27	家老を退き、江戸詰となる。	10月、吉田松陰、処刑される。八代小笠原忠嘉没、忠幹襲封。
万延元	一八六〇	28		3月、桜田門外の変。
文久元	一八六一	29	勝手方引受家老として復帰。	
2	一八六二	30	8月、小笠原敬次郎と対立、家老を退く。	8月、小笠原敬次郎、政事世話方に就任。生麦事件起こる。 11月、小宮民部、家老に就任。
3	一八六三	31	5月、品川台場警備の責任者となる。	5月、長州藩、外国艦船を砲撃。 7月、郡代河野四郎自刃。 9月、小笠原敬次郎没。
元治元	一八六四	32	2月、江戸・伏見警備より帰倉。	7月、禁門の変。第一次長州征討令出る。 8月、英仏米蘭四カ国艦隊、下関を砲撃。
慶応元	一八六五	33	藩軍一番備、士大将となる。	9月、九代小笠原忠幹没。
2	一八六六	34	6月、藩軍先鋒として田の浦へ出陣。長州軍田の浦急襲、小倉勢敗退。 7月、大里を中心に激戦。赤坂・鳥越の決戦で長州軍敗退。肥後藩軍引き揚げる。 8月、小倉城焼失、金辺峠に本陣を置く。 9月、高津尾を前線基地として企救平野	6月、第二次長州戦争始まる。 7月、征長軍小倉口総督小笠原長行、小倉を脱出。出兵諸藩引き揚げる。十四代徳川家茂、大坂城で没。 9月、幕府、長州藩と止戦の約定を交す。

			で遊撃戦を展開。 10月、高津尾の攻防戦で長州軍と激突。金辺峠に最後の防衛陣をしき、死守を決意する。 止戦交渉始まる。島村不快、採銅所御領口に引き籠る。金辺峠関門を長州軍に渡し、島村第一軍後方に退く。 11月、上赤村正福寺で第一軍戦死者の供養を行う。 12月、懇請されて家老職に就任。	10月、小倉藩、香春町御茶屋を仮の政府とする。 12月、徳川慶喜、征夷大将軍に補任される。小倉藩、「開国」を決議する。小倉藩主戦派、徹底抗戦を主張する。
慶応3	一八六七	35	2月、熊本で幼君および貞順院に拝謁、講和成立の次第を報告。 3月、千石御加増、御差御刀拝領仰付けられる（加禄は固辞）。	1月、小倉藩主戦派、「赤心隊」を結成。 小郡にて止戦協定成立。 3月、肥後に退避の家中従類に帰国の触れを出す。香春藩として発足、藩庁を香春御茶屋に設置する。

明治元	一八六八	36	4月、家老職辞退届を出すも、受け入れられず。 登京して、小笠原本領安堵のお墨付を懇願、認められる。 11月、家老職を辞す。ただし家老上席格付け、軍事の最高責任者として遇される。 2月、藩主豊千代丸の名代として銃隊二百人を統率し上京する。 3月、出兵した藩兵の件で口上書を提出する。 4月、香春に帰着。	5月、小宮民部に隠居謹慎の沙汰出る。 6月、豊千代丸、名を忠忱と改め家督を相続する。 7月、九代小笠原忠幹の葬儀行われる。 10月、徳川慶喜、大政を奉還する。 1月、鳥羽・伏見の戦い起こる。香春藩、新政府の派兵要請を受諾する。 2月、香春藩、三度にわたって派兵。 3月、十代小笠原忠忱、上赤村正福寺の仮御殿に入る。 5月、香春藩兵、奥羽戦線に出陣。

明治2	一八六九	37	12月、香春藩執政を命ぜられる。 4月、執政上席を仰付けられる。病気のため非常勤となる。 10月、香春藩執政を辞す。 12月、京都郡二崎に隠棲する。	9月、慶応を明治と改元。会津藩降伏。 12月、香春藩、家老職を廃止、執政職制に切り替える。 1月、錦原に新藩庁の建設始まる。平井小左衛門隊、奥州より帰還。 3月、渋田見縫殿助隊・生駒主税隊、奥州より帰還。 5月、榎本武揚ら降伏、戊辰戦争終わる。 6月、版籍奉還。小笠原忠忱、香春藩の藩知事となる。 7月、企救郡、日田県に入る。 10月、錦原藩庁落成。 11月、小笠原忠忱、上赤村正福寺より錦原御殿へ移る。 小宮民部、仲津郡木井馬場村・大庄屋藤河長左衛門宅の角屋敷で自刃。
3	一八七〇	38	1月、中原嘉左右より時計修理二つ、ぶ	1月、藩名豊津と布告。

明治4	一八七一	39	た一切、書状一通が届く。 3月、堤半蔵・柏木黙助・中原嘉左右、来宅。蒸気船の話が出る。 11月、日田一揆に全く関係のない旨の口上覚を豊津藩に提出する。 12月、丙寅の役の戦功により家隷扶持料として金百五十円宛永世賜与される。	2月、長州藩、企救郡より引き揚げる。 6月、豊津藩、アメリカより蒸気船「虹橋」を購入。 10月、大橋洋学校開校。 11月、日田百姓一揆起こる。 7月、廃藩置県により、豊津藩が豊津県となる。 小笠原忠忱、豊津藩知事を免ぜられる。 9月、小笠原忠忱、東京居住のため沓尾港から出発する。 11月、旧豊津藩士へ知行渡しを行い、石五百五十目で買い上げる旨の布告が出る。 豊津県を廃し、小倉県を置く。

年号	西暦	年齢	事項	一般事項
明治5	一八七二	40	西弓削田炭坑の坑主として資金面で行き詰まる。	12月、旧豊津藩士族へ禄券が渡される。 4月、庄屋・名主・年寄などを廃止。 8月、学制発布。 9月、新橋―横浜間鉄道開通。 11月、太陽暦採用の詔書発布。
6	一八七三	41	1月、炭坑の件で中原嘉左右・赤田寿一郎に相談する。	1月、小笠原忠忱、欧州歴遊に出発。 9月、遣欧使節大使岩倉具視帰国。 10月、征韓論破れ、西郷、副島、板垣、江藤ら参議を辞職。
7	一八七四	42	旧藩士を鼓舞して、政府軍に協力する。	2月、江藤新平ら反乱（佐賀の乱）。生駒九一郎（主税）、貫属隊を率いて鎮撫のため肥前に入る。 7月、板垣退助、高知に立志社を創立。
8	一八七五	43		4月、歩兵第十四連隊、小倉勝山城址に設置。 12月、乃木希典、歩兵第十四連隊長心得となる。
9	一八七六	44		3月、帯刀を禁じる。

年号	西暦		事項	一般事項
			6月、東京在住の小笠原長祚、島村志津摩篤疾につき看訪のため帰県する。	4月、小倉県を福岡県に合併する。
明治17	一八八四		7月、島村、小笠原長祚宛に電報を打つ。「フタサキ ヒョウニン センカイ クタル ヘカラス」 8月、京都郡二崎で死去。	10月、秋月の乱起こる。 5月、小笠原忠幹の墓を、田川郡金田碧巌寺より広寿山に改葬する。
19	一八八六		11月、金辺峠に島村志津摩の頌徳碑が建つ。	
24	一八九一			10月、小倉藩儒医吉雄敦、豊津で没。
27	一八九四			10月、中原嘉左右没。
28	一八九五		10月、二崎龍門寺の墓地より広寿山へ改葬される。	
30	一八九七			2月、小笠原忠忱、東京で没。浅草大雄山海禅寺に葬る。
大正14	一九二五			5月、小笠原忠忱の墓を、海禅寺より多摩霊園の小笠原墓地に改葬する。

主要参考文献

「豊倉記事」一―八、一九〇三―〇七年執筆、福岡県立豊津高等学校内小笠原文庫蔵（一―四は『豊倉記事』〈豊前叢書刊行会、一九六五年〉に収録）
「慶応三卯年小倉追書」福岡県立豊津高等学校内小笠原文庫蔵
「諸士系図」福岡県立豊津高等学校内小笠原文庫蔵
「諸士由緒」三、田川市立図書館蔵
「松本正足日記」国立国会図書館蔵
「小笠原藩日誌」（中村天邨写）
「御内証日記」慶応二―四年（中村天邨写）

＊

『懐旧記事』丸善株式会社書店、一八九八年
伊東尾四郎編『京都郡誌』京都郡役所、一九一九年
小倉市役所編『小倉市誌』上・下・続、一九二一年（復刻版＝名著出版、一九七二―七三年）
「丙寅の小倉変動　公戦から私戦」（「門司新報」一九二六年九―一二月）
山崎有信著・刊『豊前人物志』一九三九年
『小笠原壱岐守長行』小笠原壱岐守長行編纂会、一九四三年
原田茂安著『愁風小倉城』自由社会人社、一九六五年
田中彰著『幕末の長州』中公新書、一九六五年
徳見光三著『長府藩報国隊史』長門地方史料研究所、一九六六年

香春町誌編集委員会編『香春町誌』香春町、一九六六年
高杉東行先生百年祭奉賛会編・刊『東行　高杉晋作』一九六六年
『変動時における小笠原藩年表』小倉郷土会、一九六八年
苅田町誌編集委員会編『苅田町誌』苅田町、一九七〇年
米津三郎編『中原嘉左右日記』一－一二、西日本文化協会、一九七〇－七七年
『福岡県史資料』第五・八・十輯、福岡県、一九七一－七二年
『合本美夜古文化』第一・二集、美夜古文化懇話会、一九七一－八一年
古川薫著『長州奇兵隊』創元社、一九七二年
田川市史編纂委員会編『田川市史』上・中、田川市、一九七四・七六年
香春町郷土史会編「郷土史誌かわら」一－四八、香春町教育委員会、一九七四－九八年
長府毛利家編『毛利家乗』（復刻）防長史料出版社、一九七五年
小笠原忠統編「小倉藩諸士由緒書」四（「ふるさと豊前」六、豊前郷土会、一九七六年）
吉村藤舟著『小倉戦争記』上・下、（復刻）防長史料出版社、一九七六年
宇都宮泰長著『維新の礎』鵬和出版、一九七六年
佐野経彦著『豊国戦記』全、防長史料出版社、一九七七年
米津三郎著『小倉藩の歴史ノート』美夜古郷土史学校、一九七七年
小倉郷土会編『豊前』（復刻）国書刊行会、一九七九年
小倉郷土会編『小倉郷土史学』一－六、（復刻）国書刊行会、一九八二年
『行橋市史』行橋市、一九八四年
前田一著『新釈備前軍記』山陽新聞社、一九八六年
添田町史編纂委員会編『添田町史』上、添田町、一九九二年

小川七郎・永尾正剛・宇都宮泰長編『小倉藩維新史料　鎌田英三郎戊辰日記』鵬和出版、一九九四年
米津三郎著『小倉藩史余滴』海鳥社、一九九五年
玉江彦太郎著『小倉藩御用商　行事飴屋盛衰私史』海鳥社、一九九八年
『定本　奇兵隊日記』中・下、マツノ書店、一九九八年
豊津町史編纂委員会編『豊津町史』上・下、豊津町、一九九八年
『石炭研究資料叢書　第20輯　貝島太助伝』九州大学石炭研究資料センター、一九九九年

あとがき

慶応二（一八六六）年六月に始まった豊長戦争は、幕府政治の終わりを告げる戦いでもある。徳川の譜代藩として時勢に背を向け、弱体化した幕府に殉じ、最後には城までも自焼して長州と戦った小倉藩の姿は、まことに悲愴そのものであった。

島村志津摩はその先頭に立って、この激動の中を潜り抜けた男である。しかし、その歩んだ道は決して平坦ではなかった。

母は長州藩家老迫田家の出身であり、島村家も小倉で召し抱えられた外様の家臣だけに、信州以来の旧臣との確執もあった。特に長州との関係が悪化した安政期以降、この溝は深くなった。

このため、若くして家老に就任し藩の枢機に立ったものの、彼の存念どおりにはいかなかった。むしろ島村の真価が発揮されたのは、武将として第二次征長戦に出陣してからであろう。指揮官として、その卓越した用兵の術は長州兵を瞠若《どうじゃく》たらしめ、小倉藩士の面目を遺憾なく発揮した。

金辺峠に立つ吉雄敦の碑文は、まさに名将島村の人となりをよく浮き彫りにしている。企救の農兵と共に郷土防衛に生死をかけて戦い、利あらずして退くにあたり、戎衣《じゅうい》の袖を濡らして農民に別れの詫びを入れたという伝えは、人間島村の実像そのものでもある。

戦後、病をおして藩の再建に取り組み、小倉藩の危機を救った功績は大きい。まさに「島村あっての小笠原ありき」の感さえ受ける。

すべてを藩に尽くして二崎の山麓に隠棲した島村が、時の流れとはいえ、藩崩壊の晩鐘をどう聴き取ったか、知りたいところである。大器であるだけに、四十四歳の生涯はあまりにも短い。もう少し生きてほしかった。

こうした島村に魅力を感じて三十年。多くの方々の善意と激励によって、ようやく本書を上梓することができた。勤務の関係もあって意の如く進まず、随分長い時間をかけてしまった。特に島村の晩年は、志津摩の血統が絶えているだけに史料に乏しく難渋した。それだけに疑問も多々残り、ご教示やご意見をいただきたいと思っている。今後の研究に託したい。

終わりに、出版に際して大変なご尽力をお願いした海鳥社の別府大悟氏、当初からご指導を賜った小倉郷土会会長の今村元市氏、古文書の解読・整理にお力添えを下さった豊津町歴史民俗資料館の川本英紀氏、史料収集や校正などでご協力をいただいた玉江彦太郎氏、蟹江利男氏、永尾正剛氏、山内公二氏、光畑浩治氏、宇都宮泰長氏、他諸先輩に深甚なる謝意を申し上げたい。

平成十三年五月

白石　壽

白石　壽（しらいし・ひさし）　昭和５（1930）年，福岡県嘉穂郡碓井町に生まれる。行橋市内の小・中学校，福岡教育大学附属小倉小学校に勤務後，福岡県教育庁京築教育事務所長，行橋市教育委員会教育長を経て，現在行橋市史編纂室長。著書に『ふるさと写真集　行橋』（共著，国書刊行会）がある。行橋市在住。

小倉藩《こくらはん》家老《かろう》　島村志津摩《しまむらしづま》

■

2001年６月20日　第１刷発行

■

著者　白石　壽

発行所　有限会社海鳥社

〒810-0074　福岡市中央区大手門３丁目６番13号

電話092(771)0132　FAX092(771)2546

印刷　有限会社九州コンピュータ印刷

製本　日宝綜合製本株式会社

ISBN 4-87415-353-4

［定価は表紙カバーに表示］

海鳥社の本

悲運の藩主 黒田長溥《ながひろ》　柳 猛直

薩摩藩主・島津重豪の第九子として生まれ，12歳で筑前黒田家に入った長溥は，種痘の採用，精煉所の設置，軍制の近代化などに取り組む。幕末期，尊王攘夷と佐幕の渦の中で苦悩する福岡藩とその藩主　2000円

幕府挑発 江戸薩摩藩邸浪士隊　伊牟田比呂多

相楽総三・伊牟田尚平・益満休之助――維新回天を志しながらも，政治抗争の闇の中に葬られた草莽たちの足跡を追い求め，西郷隆盛と併せてその顕彰をめざした意欲作　1600円

近世に生きる女たち　福岡地方史研究会編

過酷な制度と時代背景のもとで，女たちはどのように生きたのか。近世福岡の歴史の中に様々な女性像を探った福岡歴史探検・第２弾。苦界に生きた女たち／武家の女／女の事件簿／漂泊の女流俳人 他　1650円

九州戦国合戦記　吉永正春

守護勢力と新興武将，そして一族・身内を分けた戦い。門司合戦，沖田畷の戦いなど，覇を求め，生き残りをかけて繰り広げられた戦いの諸相に，綿密な考証で迫る。戦いに勝利する条件とは何か！　1650円

九州戦国の武将たち　吉永正春

下克上の時代に活躍した戦国武将20人の足跡を活写，同時代の九州全体を俯瞰するための恰好の史書。人の絆，人間愛，死生観，処世訓など，時代を超えて人間の生き方を探った吉永戦国史30年目の金字塔　2300円

南方録《なんぼうろく》と立花実山《たちばなじつざん》　松岡博和

利休没後100年，茶道の聖典とされる「南方録」を集成した立花実山。その伝書の由来の謎と，黒田藩の重臣でありながら配所で殺された実山の死の謎を解き明かし，その後の南坊流茶道の流れを追う　2200円

＊価格は税別

海鳥社の本

北九州の100万年　米津三郎監修

地質時代からルネッサンス構想の現代まで，最新の研究成果をもとに斬新な視点で説き明かす最新版・北九州の歴史。執筆者＝米津三郎，中村修身，有川宜博，松崎範子，合力理可夫　1456円

改訂版 北九州を歩く　街角散歩から日帰り登山まで◉全100コース　柏木 實　時田房恵　他

豊かな歴史と自然環境をもつ北九州市域。歴史・民俗・植物・野鳥・登山などの専門家が，半日から一日行程で歩けるハイキング・コースを案内。街歩き，歴史探訪，自然観察，日帰り登山などの情報満載　1500円

福岡県の城　廣崎篤夫

福岡県各地に残る城址を，長年にわたる現地踏査と文献調査をもとに集成した労作。308カ所（北九州地区56，京築61，筑豊50，福岡45，太宰府10，北筑後44，南筑後42）を解説。縄張図130点，写真220点　3200円

福岡古城探訪　廣崎篤夫

丹念な現地踏査による縄張図と，文献・伝承研究をもとにした城の変遷・落城悲話などにより，古代・中世の重要な城址47カ所の歴史的な役割を探る。すべてに写真と現地までの案内図を付けた城址ガイド　1800円

玄界灘に生きた人々　廻船・遭難　浦の暮らし　高田茂廣

海事史研究の第一人者である著者が，浦の制度と暮らし，五ケ浦廻船を中心とする商業活動，孫七ら漂流・遭難者の足跡，朝鮮通信使と長崎警備など，日本史にそのままつながる近世福岡の浦の実像を描く　2000円

福岡藩分限帳集成　福岡地方史研究会編

福岡藩士の紳士録とも言える分限帳を，慶長から明治期までの270年間，各時代にわたり集成した近世史研究の根本史料。先祖調べにも必携。福岡・博多歴史地図を含む詳細な解説及び9500人の索引を収録　23000円

＊価格は税別

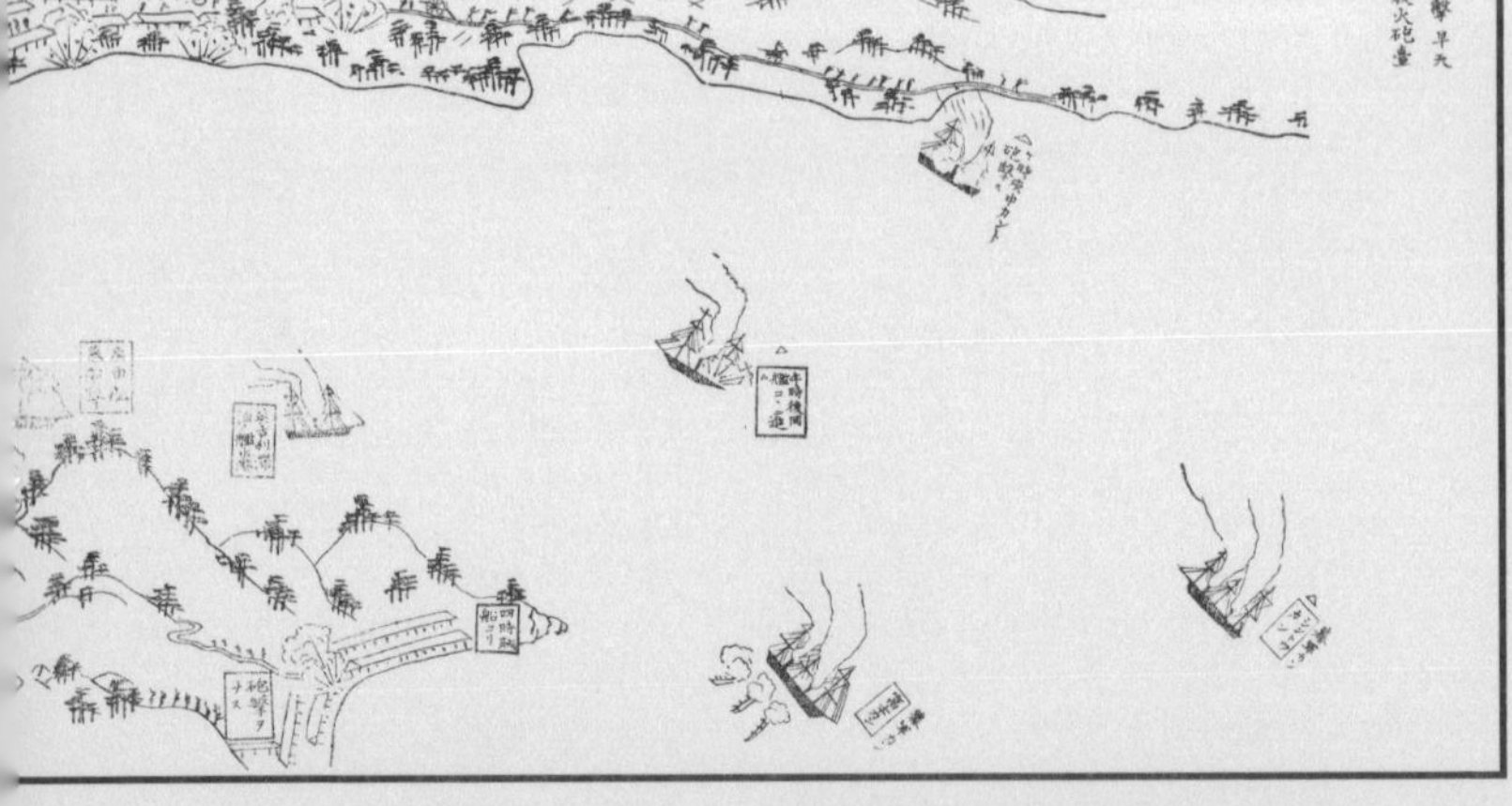
丙寅七月二日夜七時ヨリ砲撃早天ヨリ陸軍大里進撃舎営放火砲臺乗取ノ顛末彼ニ記之
霧ヶ岳
大里放火
四時敵船ヨリ
砲撃ヲナス